JN074695

グループ通算制度「勧める・勧めない」の税理士の判断

あいわ税理士法人 編
税理士 佐々木 みちよ／税理士 永沼 実

税務研究会出版局

はしがき

連結納税制度の抜本的な見直しを前提に、政府税制調査会において、平成30年11月に連結納税制度に関する専門家会合が設置されました。専門家会合では、制度の簡素化と課税の中立性・公平性の確保の観点から議論が重ねられ、令和元年８月に見直し後の制度の考え方や基本的仕組みについて提言がなされました。その提言に沿った形で、令和２年度税制改正で連結納税制度がグループ通算制度へと大幅に改正されるに至りました。

連結納税制度は平成14年度税制改正で創設されましたが、今回の改正は制度創設以来の大改正であることから、企業経理・税務担当者の方々、及び、税務専門家の方々には、現在様々な疑問が生じていると思います。

例えば、連結納税を導入済の企業グループでは、このままグループ通算制度に移行して良いのか、これを機に取り止めるべきではないのかという疑問です。連結納税の導入検討を進めていた企業グループでは、予定通り導入して問題ないのか、導入するならば連結納税制度のうちに導入すべきか、グループ通算制度移行後に導入すべきかという疑問です。また、従来連結納税制度に全く縁のなかった企業グループでは、今後も全く導入検討をしないままで大丈夫なのかという疑問です。

こういった様々な疑問を一つ一つ解決するため、また、全国の税理士・会計士の皆様の「とりあえず、制度内容の大枠を一通り知っておきたい」というニーズにお応えするために、本書を執筆しました。

第１章「改正の概要」では、制度見直しの趣旨・背景を解説しています。

第２章「項目別改正内容」では、連結納税制度の各項目別に改正の有無と改正内容を解説しています。もともと連結納税制度は複雑多岐にわたる制度であること、また、グループ通算制度の詳細は今後の政省令公表を待たなければならないことから、解説内容がことさら難解になり過ぎないように、「結局、どのような企業グループが制度を採用すべきなのか」「新たに導入するならばいつから開始すれば税務メリットを最大限享受できるのか」といった単純明快な疑問にお応えするために最低限必要な情報に重点を置いて解説しています。

第３章「グループ通算制度を勧めるか否かの判断」では、連結納税制度と比較してグループ通算制度は使いやすくなったのかどうかについて、企業グループの規模別に解説しています。また、今後の検討の着眼点、検討の進め方、留意点等について、現在連結納税制度を導入済の企業グループと導入していない企業グループに分けて解説しています。制度概要を既に把握している方々にも、「今後、何をどう進めればよいのか」という実務上の疑問点の解決に、第３章をお役立ていただけます。

本書が、読者の皆様にとり、グループ通算制度に移行するか、取り止めるか、新たに導入するか否かを判断する一助になれば幸いです。

最後に本書の刊行にあたり、ご尽力いただきました税務研究会の堀直人氏に心からお礼を申し上げます。

令和２年５月　執筆者一同

(注) 本書は、令和２年３月31日までに公表された令和２年度税制改正大綱及び改正法などの情報を基にまとめたものです。それ以降公表される情報(政省令を含みます。) を確認の上でのご利用をお願いいたします。

目　次

凡例

法法　　法人税法

新法法　令和２年度税制改正による令和４年４月１日施行後の法人税法

新法法改正附則

令和２年３月31日法律第８号「所得税法等の一部を改正する法律」附則

法令　　法人税法施行令

連基通　連結納税基本通達

措法　　租税特別措置法

措令　　租税特別措置法施行令

新措法　令和２年度税制改正による令和４年４月１日施行後の租税特別措置法

新地方法人税法

令和２年度税制改正による令和４年４月１日施行後の地方法人税法

連結納税制度に関する専門家会合

政府税制調査会　連結納税制度に関する専門家会合（平成30年11月～令和元年８月）

(注) グループ通算制度も単体納税制度の一類型ではありますが、本書では、解説の便宜上、グループ通算制度を導入していない法人に適用される制度のことを「単体納税制度」といいます。

Ⅰ．改正の概要

連結納税制度とグループ通算制度の特徴

連結納税制度

連結納税制度は、完全支配関係（100％の資本関係）のある２社以上の内国法人グループ（連結納税グループ）をあたかも一つの法人であるかのように捉え、一つの納税単位として法人税及び地方法人税を計算する制度です。

グループ内の各法人の損益を通算（黒字と赤字を相殺）することで各事業年度のグループ全体の税負担額を減らせることが、連結納税制度の最大の特徴でありメリットです。

その一方で、グループを一体として一つの法人税額を計算するため、計算構造が複雑で、グループ内の一社の集計ミスや計算誤りが全社の税負担額に影響を及ぼす仕組みになっています。また、制度の理解やグループ内の教育体制の整備など、制度を採用することによる企業側の事務負担が増加してしまうというデメリットもあります。

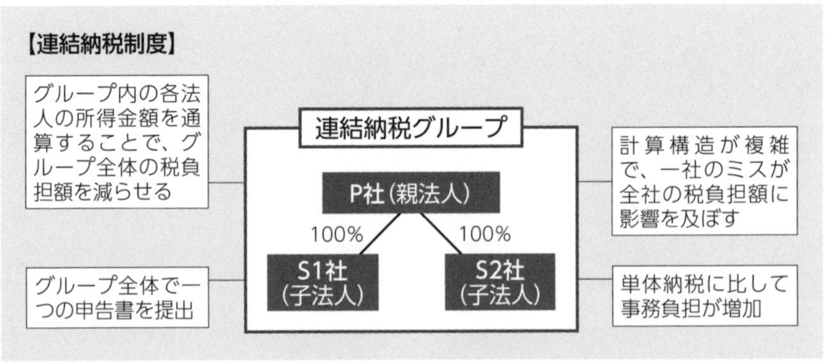
【連結納税制度】
グループ内の各法人の所得金額を通算することで、グループ全体の税負担額を減らせる
グループ全体で一つの申告書を提出
連結納税グループ
P社（親法人）
100%
100%
S1社（子法人）
S2社（子法人）
計算構造が複雑で、一社のミスが全社の税負担額に影響を及ぼす
単体納税に比して事務負担が増加

グループ通算制度

連結納税制度を採用することによる事務負担を軽減するという観点から、制度が抜本的に見直されます。制度名称も「グループ通算制度」に変更されます。

グループ通算制度では、連結納税制度の最大の特徴でありメリットであるグループ内損益通算の仕組みは維持しつつ、グループ内の各法人が申告及び納付を行う個別申告方式とされます。また、計算構造を簡素化し、税務調査等でグループ内のいずれかの法人の所得金額が事後的に異動したとしても、グループ全社に影響が波及しないような計算構造に見直されます。

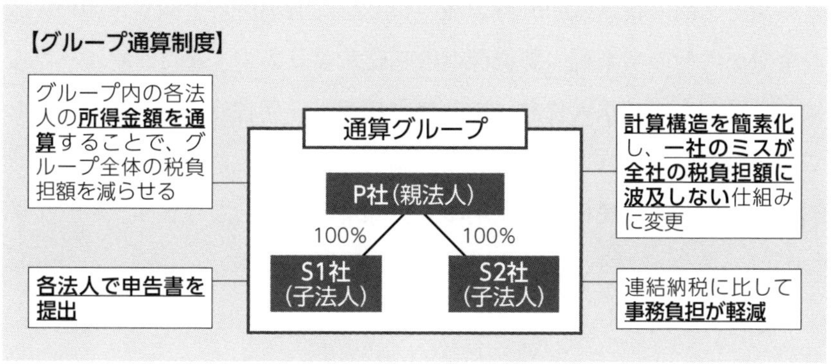
【グループ通算制度】
グループ内の各法人の所得金額を通算することで、グループ全体の税負担額を減らせる
各法人で申告書を提出
通算グループ
P社（親法人）
100%
100%
S1社（子法人）
S2社（子法人）
計算構造を簡素化し、一社のミスが全社の税負担額に波及しない仕組みに変更
連結納税に比して事務負担が軽減

2 計算構造

連結納税制度

連結納税制度では、グループ内の各法人の所得金額を合計して連結納税グループ全体の連結所得金額を計算し、連結所得金額から連結法人税額を計算します。加減算項目及び税額控除項目には連結納税グループ全体をあたかも一つの法人のように捉えて計算する全体計算項目が設けられており、その計算結果は、一定の基準により各法人に配分されます。

グループ内の各法人の所得金額のことを「個別所得金額」といい、この金額が各社の事業税の課税標準の基礎となります。また、グループ全体で計算した連結法人税額は、最終的にグループ各社に対し負担額として割り振られ（これを「連結法人税個別帰属額」といいます。）、この金額が各社の法人住民税法人税割の課税標準の基礎となります。

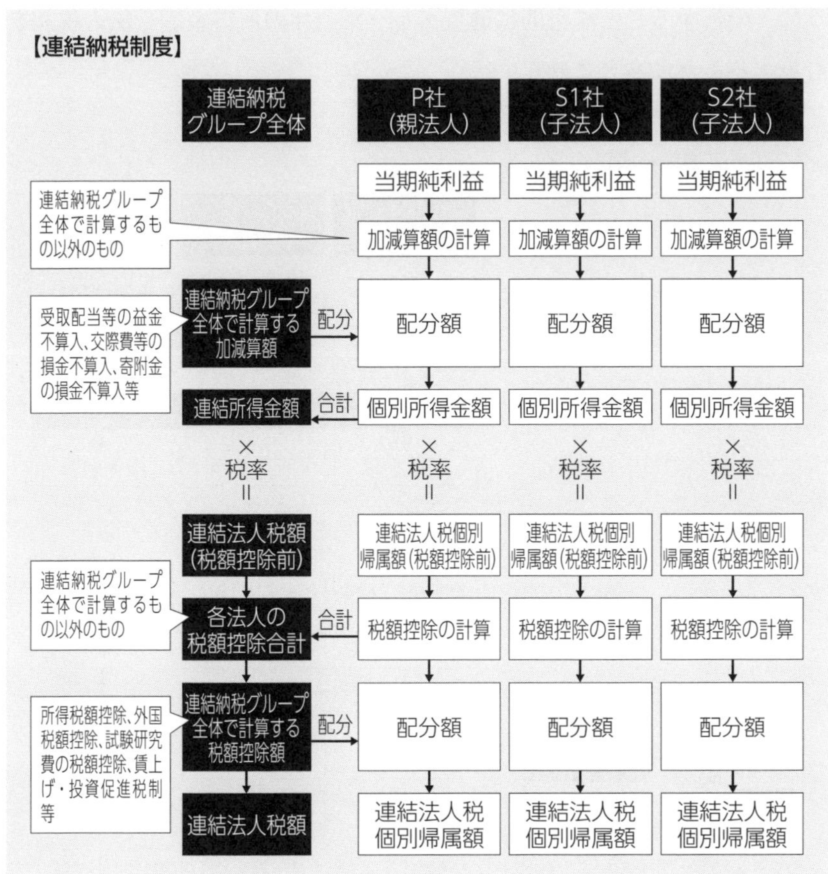

グループ通算制度

グループ通算制度では、加減算項目や税額控除項目は基本的に各法人で計算することで計算構造が簡素化されます。全体計算項目として残るものは、外国税額控除、試験研究費の税額控除等、ごく一部の項目に限定されます。

グループ通算制度では、グループ内の各法人の所得金額を通算しますが、各法人が申告及び納付を行います。したがって、連結納税制度のように、申告することを目的に通算グループ全体の所得金額や法人税額を計算することはありません。

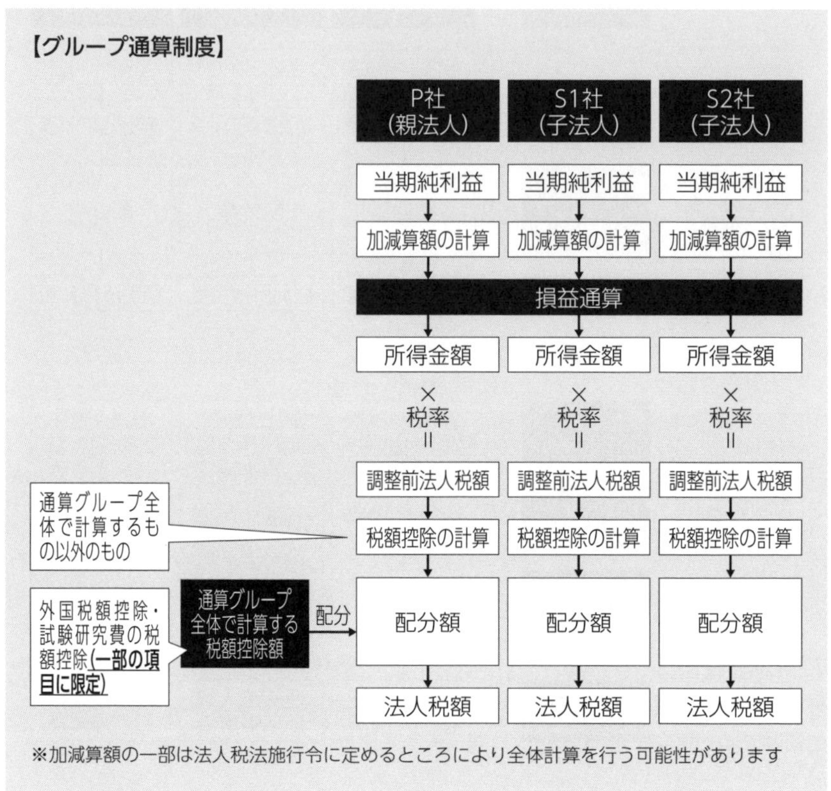

3 事後的に所得等が異動した場合

連結納税制度

連結納税制度では、グループを一体として連結所得金額及び連結法人税額を計算します。そのため、税務調査においてグループ内の一社でも何らかの指摘を受けると、グループ全社の個別所得金額及び連結法人税個別帰属額に影響を及ぼすことがほとんどです。これにより、グループ内の全法人による地方税の修正申告又は更正の請求作業が必要になり、事業所数が多い法人にとっては非常に負担の重い作業になっています。

課税庁側においても、連結法人に対する税務調査時は、調査対象法人と連結親法人の所轄部署間での連携、調査結果を取りまとめた決議書作成と所轄部署間での連絡事務、所得金額等が異動した場合のグループ全社を対象とした再計算に多くの事務量が生じています。

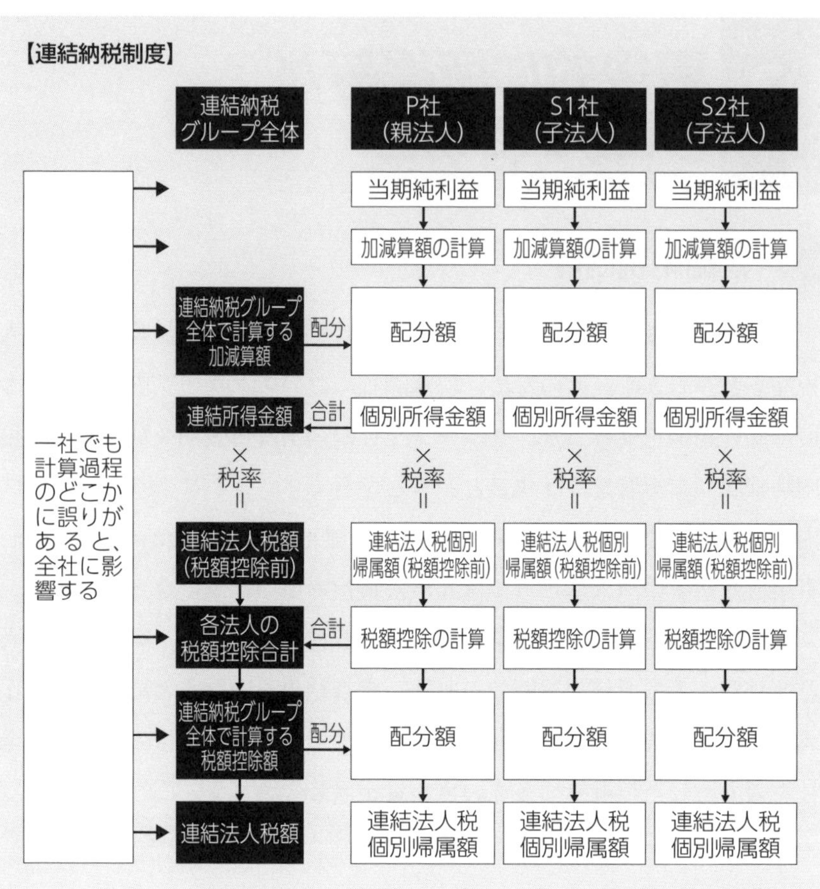
【連結納税制度】
連結納税グループ全体
P社（親法人）
S1社（子法人）
S2社（子法人）
一社でも計算過程のどこかに誤りがあると、全社に影響する
当期純利益
加減算額の計算
連結納税グループ全体で計算する加減算額
配分
配分額
連結所得金額
合計
個別所得金額
×
税率
＝
連結法人税額（税額控除前）
連結法人税個別帰属額（税額控除前）
各法人の税額控除合計
税額控除の計算
連結納税グループ全体で計算する税額控除額
連結法人税額
連結法人税個別帰属額

グループ通算制度

グループ通算制度では、グループ内の各法人の損益や繰越欠損金を通算しますが、申告及び納付は各法人が行います。

税務調査等でグループ内のいずれかの法人の所得金額等が事後的に異動したとしても、損益等の通算額は基本的に当初申告額に固定されます。これにより、一社の計算ミスや税務調査による否認の影響がグループ内の他の法人に波及しない仕組みになります。修正申告等は金額が異動した法人のみが行えば済むことになり、企業グループ側及び課税庁側双方の事務負担が大幅に軽減されます。

【グループ通算制度】

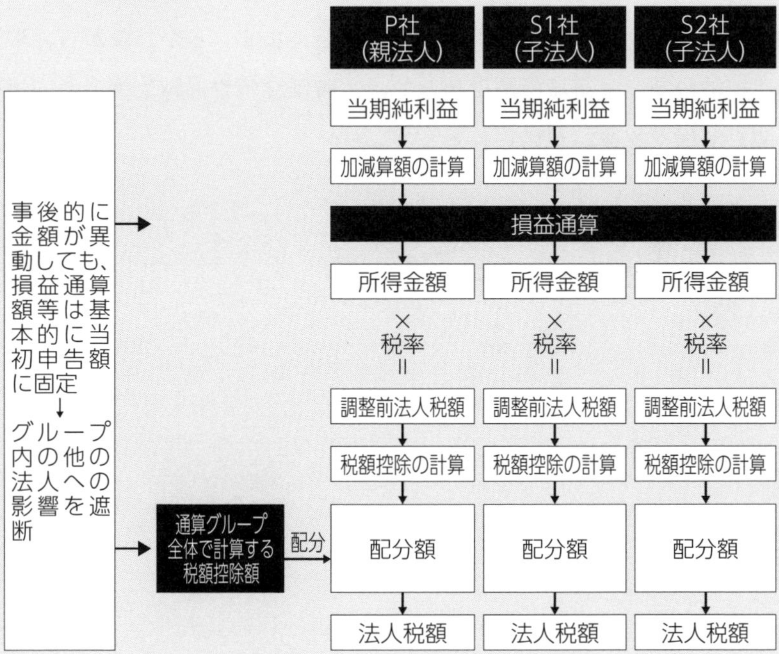

P社 （親法人）	S1社 （子法人）	S2社 （子法人）
当期純利益	当期純利益	当期純利益
↓	↓	↓
加減算額の計算	加減算額の計算	加減算額の計算
↓	↓	↓
損益通算		
↓	↓	↓
所得金額	所得金額	所得金額
× 税率 ＝	× 税率 ＝	× 税率 ＝
調整前法人税額	調整前法人税額	調整前法人税額
↓	↓	↓
税額控除の計算	税額控除の計算	税額控除の計算
↓	↓	↓
配分額	配分額	配分額
↓	↓	↓
法人税額	法人税額	法人税額

事後的に金額が異動しても、損益通算額等は基本的に当初申告額に固定
↓
グループ内の他の法人への影響を遮断

通算グループ全体で計算する税額控除額 →（配分）→ 配分額

4 組織再編税制との整合性

連結納税制度

連結納税制度を採用する場合、子法人の有する資産の時価評価と繰越欠損金切捨ての有無は、重要な検討事項のひとつです。連結納税制度以外にも、時価評価と繰越欠損金の取扱いが税務上論点となる制度としては、組織再編税制があります。

課税上あたかも一つの法人と捉え、グループ内で損益を通算して法人税を計算する連結納税制度と、合併等により一つの法人格となることは、課税上中立であることが望ましいと言えます。しかしながら、現行の連結納税制度と組織再編税制とでは、時価評価や繰越欠損金の取扱いに関して様々な違いが見られます。

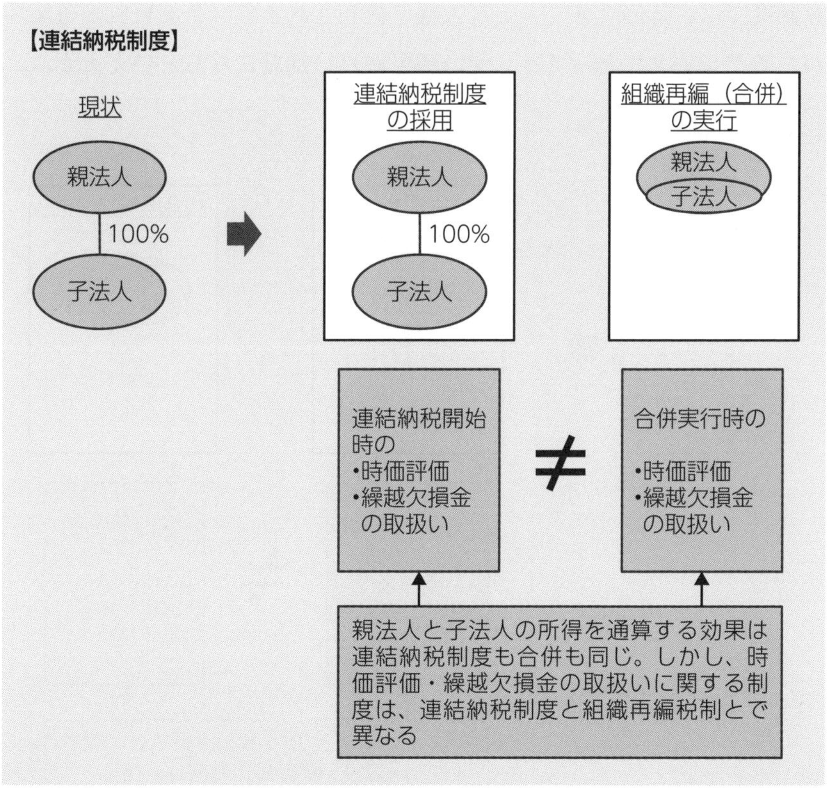

【連結納税制度】

現状

親法人

100%

子法人

連結納税制度の採用

親法人

100%

子法人

組織再編（合併）の実行

親法人

子法人

連結納税開始時の
・時価評価
・繰越欠損金の取扱い

≠

合併実行時の
・時価評価
・繰越欠損金の取扱い

親法人と子法人の所得を通算する効果は連結納税制度も合併も同じ。しかし、時価評価・繰越欠損金の取扱いに関する制度は、連結納税制度と組織再編税制とで異なる

グループ通算制度

グループ通算制度への改正に伴い、時価評価や各法人の繰越欠損金の取扱いについては、組織再編税制との整合性を勘案した改正が行われ、時価評価の要否判定や繰越欠損金の使用可否判定の各要件に、組織再編税制の考え方が取り入れられます。

これにより、連結納税制度と比較すると、時価評価対象・繰越欠損金切捨て対象となる子法人の範囲が概ね縮小されます。買収した子法人が連結納税グループに加入する際の時価評価や繰越欠損金の切捨ては、連結納税制度採用のデメリットのひとつとされていましたが、グループ通算制度では、このデメリットが大幅に緩和されます。企業買収の可能性があるグループにとっては、使い勝手が良い制度になるといえます。

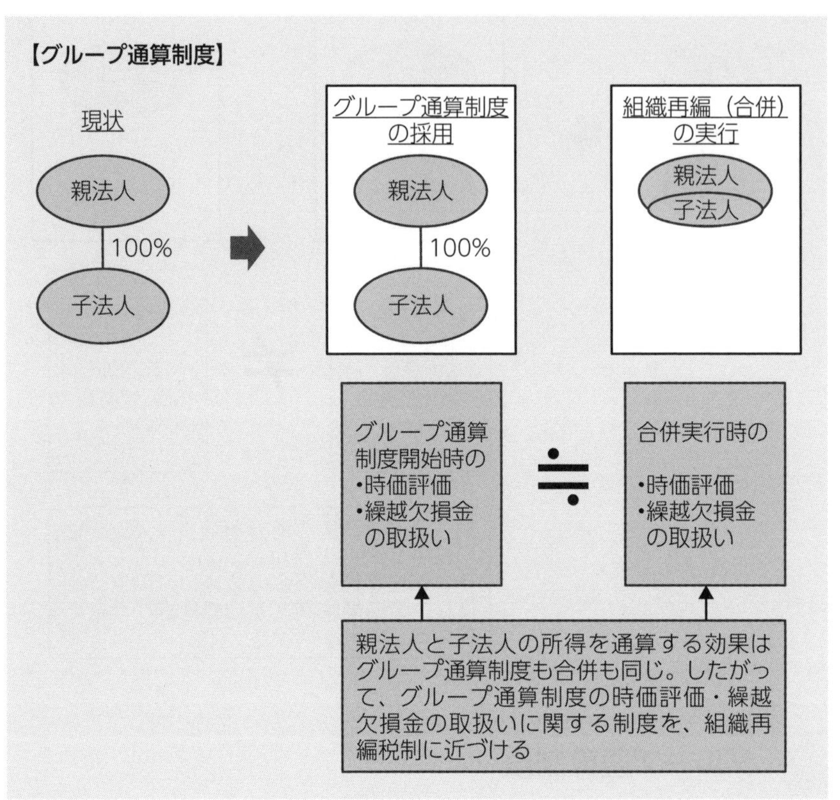

5 適用時期

連結納税制度

連結納税制度は、令和４年３月31日までに開始する事業年度をもって適用が終了します。現在、連結納税制度を適用している企業グループは、何ら手続きを要することなく、令和４年４月１日以後に開始する事業年度からはグループ通算制度が適用されます。

なお、経過的措置として、令和４年４月１日以後最初に開始する事業年度開始の日の前日までに届出書を提出することにより、グループ通算制度に移行しない（連結納税制度の適用を取り止める）ことができます。この場合、令和４年４月１日以後最初に開始する事業年度から単体納税制度に戻ります。

連結納税制度の取り止めは、原則として、やむを得ない事情がある場合で国税庁長官の承認を受けたときに限り認められることになっていますが、グループ通算制度への移行期に限り、届出書の提出により企業側の任意で取り止めができるという措置です。

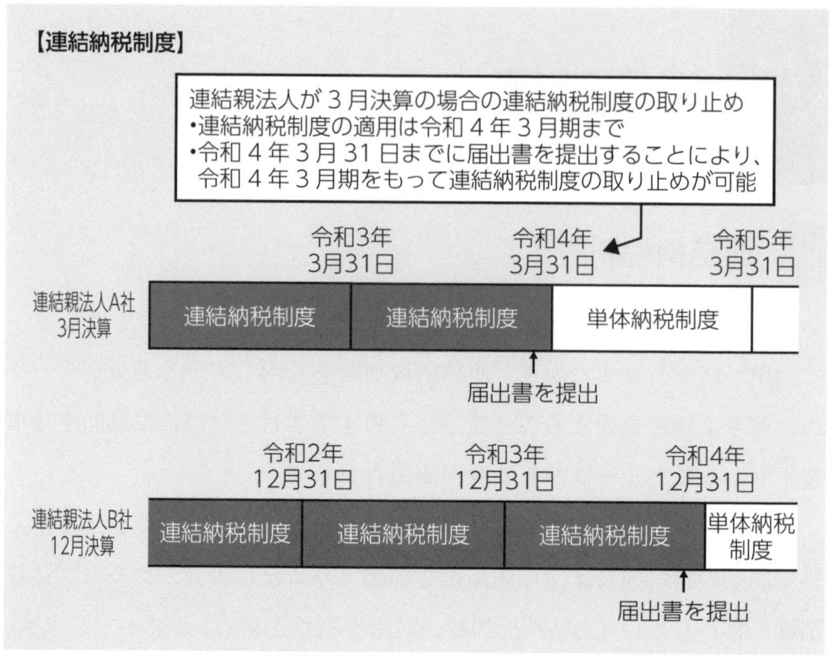

グループ通算制度

グループ通算制度は、令和４年４月１日以後に開始する事業年度から適用されます。

現在、連結納税制度を適用している企業グループは、何ら手続きを要することなく、令和４年４月１日以後に開始する事業年度からはグループ通算制度が適用されます。また、新たにグループ通算制度を適用する企業グループは、適用を受けようとする事業年度開始の日の３ヶ月前までに申請書を提出して承認を受けることでグループ通算制度を開始することができます。

連結納税制度からの移行か、新たにグループ通算制度を適用するかにかかわらず、一度適用したグループ通算制度の取り止めが認められるのは、原則として、やむを得ない事情がある場合で国税庁長官の承認を受けたときに限られます。一般には、一度適用したグループ通算制度を任意に取り止めることはできないため、制度適用によるメリット・デメリットの検討が重要であることは、従来の連結納税制度と変わることはありません。

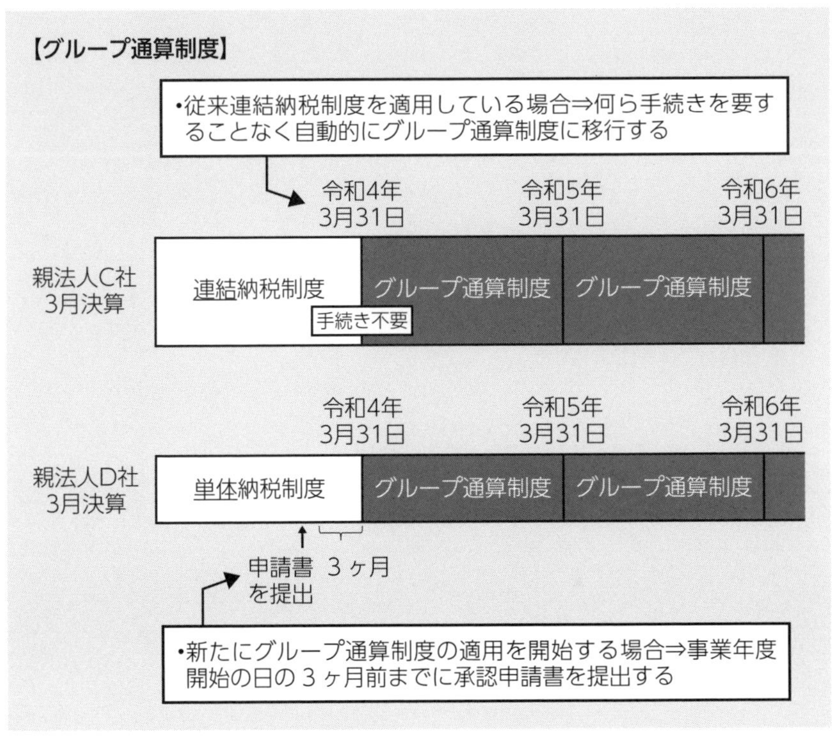

Ⅱ．項目別改正内容

 適用対象となる法人の範囲

- 連結納税制度では、内国法人である親法人と、内国法人である子法人で親法人による完全支配関係（外国法人を介在するものを除きます）がある法人の全てが連結納税制度の対象となります。
- グループ通算制度においても、適用対象となる法人の範囲は基本的に連結納税制度と同様です。

連結納税制度

①　連結納税制度の適用対象法人

内国法人である親法人と、内国法人である子法人で親法人による完全支配関係（外国法人を介在するものを除きます）がある法人のすべてが連結納税制度の対象法人となります（法法４の２）。

連結納税制度の承認を受けた連結納税グループの親法人を「連結親法人」、子法人を「連結子法人」、連結親法人と連結子法人を総称して「連結法人」といいます（法法２十二の六の七、十二の七、十二の七の二）。

連結納税制度は100％親子関係にある企業グループで採用できる制度です。個人オーナーがＡ社株式とＢ社株式をいずれも100％所有している場合、Ａ社とＢ社は同一オーナーに所有される100％兄弟関係にありますが、100％親子関係ではないので、Ａ社とＢ社で連結納税制度の採用はできません。

②　連結親法人

連結親法人になれる法人は、内国法人のみで構成される100％企業グループの最上位にある法人に限られています。内国法人の100％子法人は、連結親法人になることはできません（法法４の２二）。

③　連結子法人

(a) 原則

連結子法人になるかどうかは選択制ではありません。連結親法人による完全支配関係がある内国法人は強制的に連結子法人となります。既に連結納税を開始している企業グループ内の法人に買収されて完全支配関係を有することとなった子法人も、強制的に連結納税に加入することになります。

完全支配関係のある子法人のうち一部の法人のみを連結子法人とすることはできません。また、完全支配関係がないのに連結子法人となることはありません。

(b) 例外

連結親法人による完全支配関係がある子法人であっても、以下のケースでは連結納税に参加することはありません。

a　外国法人を通じて完全支配関係がある内国法人（法法４の２）

連結親法人が外国法人を100％支配していたとしても、外国法人はもともと連結納税の対象外です。その外国法人を経由して連結親法人との間に完全支配関係がある内国法人も、連結納税の対象外となります。

b　再加入制限中の子法人（法令14の６①四）

連結親法人と完全支配関係を有しないこととなった子法人は連結納税グループから離脱することになります。一旦、連結納税グループから離脱した子法人は、同一親法人との間に完全支配関係を再び有することになっても、離脱から５年を経過する日の属する事業年度終了の日までは、その連結納税グループに再加入することはできません。

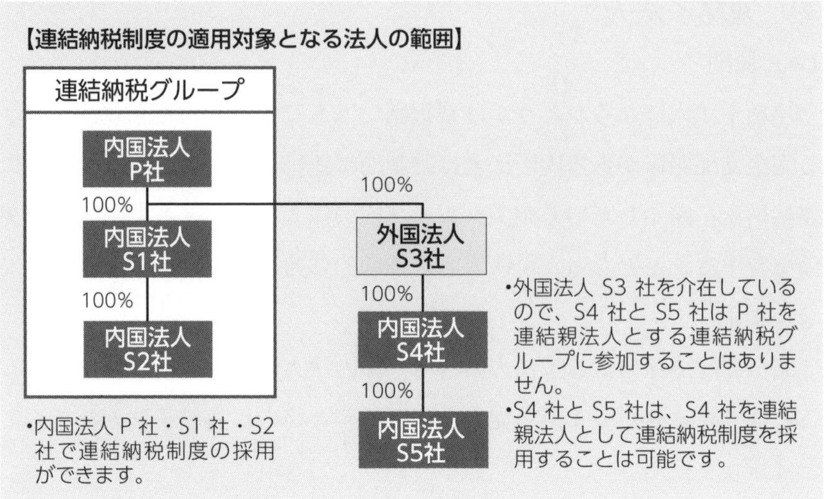
【連結納税制度の適用対象となる法人の範囲】
連結納税グループ
内国法人
P社
100%
内国法人
S1社
100%
内国法人
S2社
100%
外国法人
S3社
100%
内国法人
S4社
100%
内国法人
S5社
•内国法人 P 社・S1 社・S2 社で連結納税制度の採用ができます。
•外国法人 S3 社を介在しているので、S4 社と S5 社は P 社を連結親法人とする連結納税グループに参加することはありません。
•S4 社と S5 社は、S4 社を連結親法人として連結納税制度を採用することは可能です。

グループ通算制度

①　グループ通算制度の適用対象法人

グループ通算制度の適用対象法人の範囲は、次の法人を除外すること以外は、基本的に連結納税制度と同様です。

・青色申告の承認の取消しの通知を受けた日から同日以後５年を経過する日の属する事業年度終了の日までの期間を経過していないもの（新法法64の９①四）

・青色申告の取り止めの届出書の提出をした日から同日以後１年を経過する日の属する事業年度終了の日までの期間を経過していないもの（新法法64の９①五）

なお、グループ通算制度の承認を受けた通算グループの親法人を「通算親法人」、子法人を「通算子法人」、通算親法人と通算子法人を総称して「通算法人」といいます（新法法２十二の六の七、十二の七、十二の七の二）。

【グループ通算制度の適用対象となる法人の範囲】

以下の法人を適用対象から除くほかは、基本的に連結納税制度から変更なし

・青色申告の取り消しから 5 年、取り止めから 1 年を経過する日の属する事業年度終了の日までの期間を経過していないもの

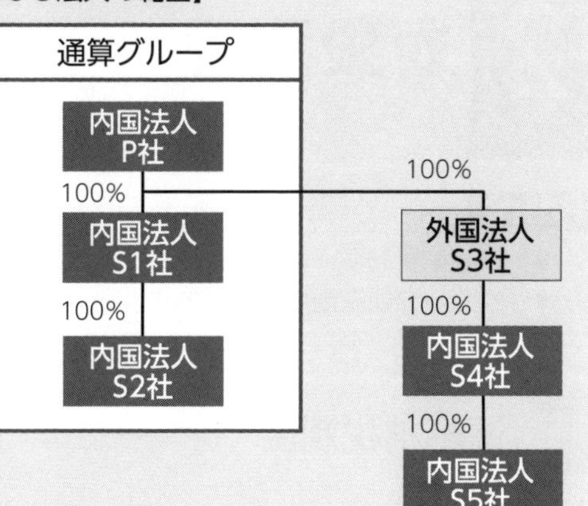

2 対象税目

Point

- 連結納税制度では、法人税と地方法人税のみグループ全体で計算します。
- グループ通算制度も同様です。

連結納税制度

連結納税制度では、法人税と地方法人税のみグループを一体として税額計算を行います。

その他の税目（事業税・特別法人事業税・法人住民税）は、すべて個々の法人ごとに税額計算を行います。個々の法人ごとに税額計算を行うといっても、その計算過程においては連結納税特有の計算ルールが介入するため、単体納税を採用していたとした場合の税額と全く同額にはなりません。ただし、これらの税目においては、連結納税制度を採用することによる影響を排除し単体納税の場合の税額に可能な限り近付けるための様々な措置が設けられています。

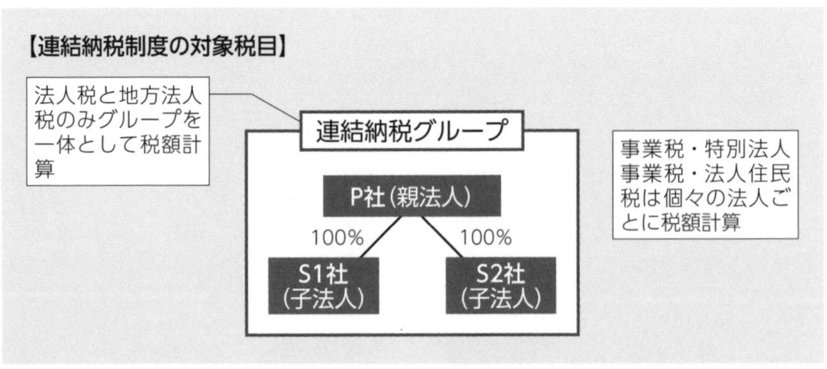
【連結納税制度の対象税目】
法人税と地方法人税のみグループを一体として税額計算
連結納税グループ
P社（親法人）
100%
100%
S1社（子法人）
S2社（子法人）
事業税・特別法人事業税・法人住民税は個々の法人ごとに税額計算

グループ通算制度

グループ通算制度においても、グループ内で通算する税目は法人税と地方法人税のみであり、連結納税制度から変更はありません。

また、その他の税目（事業税・特別法人事業税・法人住民税）において、グループ通算制度を採用することによる影響を排除するための様々な措置が設けられることも、連結納税制度と同様です。

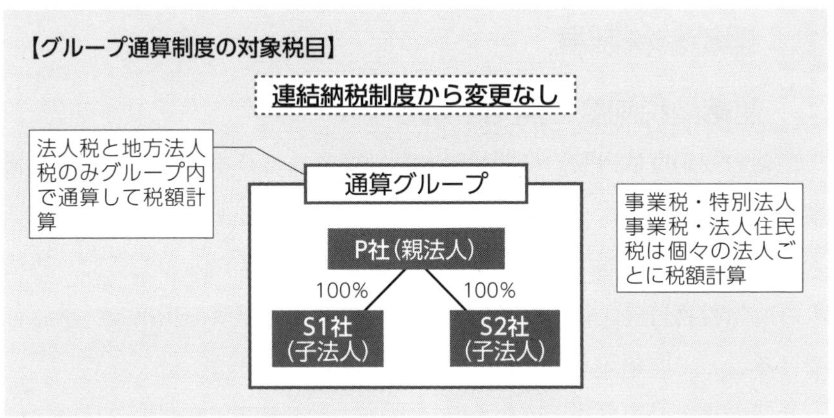
【グループ通算制度の対象税目】
連結納税制度から変更なし
法人税と地方法人税のみグループ内で通算して税額計算
通算グループ
P社（親法人）
100%
100%
S1社（子法人）
S2社（子法人）
事業税・特別法人事業税・法人住民税は個々の法人ごとに税額計算

3 制度の選択と承認申請

Point

- 連結納税制度は選択制です。国税庁長官の承認を受けることで開始することができます。
- グループ通算制度も同様です。

連結納税制度

① 連結納税制度の開始手続き

連結納税制度は自動的に開始できる制度ではありません。連結納税制度の適用を開始しようとする事業年度開始の日の３ヶ月前までに、親法人及び親法人との間に完全支配関係がある全ての子法人の連名で、親法人の所轄税務署長を経由して国税庁長官に承認申請書を提出し、承認を受けることで開始することができます（法法４の３）。

承認申請書の提出後、適用を受けようとする事業年度開始の日の前日までに承認又は却下の処分がなかった場合には、その開始の日において承認があったものとみなす措置も設けられていますが（法法４の３④）、実務上は、ほとんどのグループで承認通知を受けているようです。

② 子法人の異動

連結納税の開始前までにグループ外部へ譲渡予定の子法人がある場合であっても、承認申請書提出時点で完全支配関係があれば、連名に加えて承認申請する必要があります（法法４の３①）。その場合は、譲渡した段階でその旨を届け出ることとされています（法令14の９②二）。

逆に承認申請書に名を連ねていなかったとしても、その後連結納税開始前までに完全支配関係が発生した子法人は、その開始の日において強制的に連結子法人になります。この場合は、完全支配関係が発生した段階でその旨を届け出ることとされています（法令14の７③）。

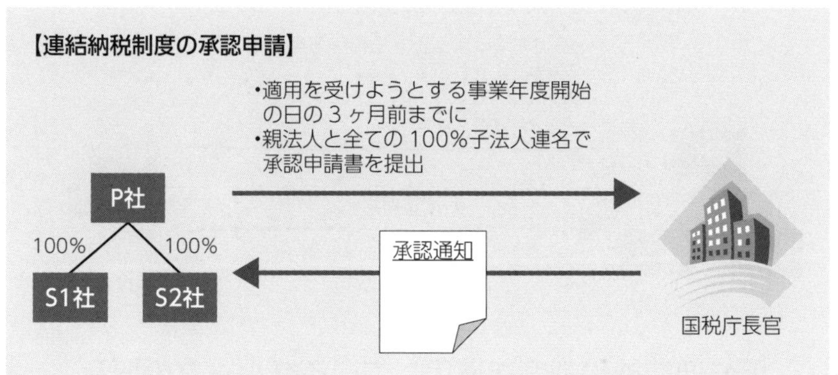
【連結納税制度の承認申請】
•適用を受けようとする事業年度開始の日の３ヶ月前までに
•親法人と全ての100%子法人連名で承認申請書を提出
P社
100%
100%
S1社
S2社
承認通知
国税庁長官

グループ通算制度

①　グループ通算制度の開始手続き

グループ通算制度も、連結納税制度と同様に選択制です。グループ通算制度の適用を開始しようとする事業年度開始の日の３ヶ月前までに、親法人及び親法人との間に完全支配関係がある全ての子法人の連名で、親法人の所轄税務署長を経由して国税庁長官に承認申請書を提出し、承認を受けることで開始することができます（新法法64の９①②）。

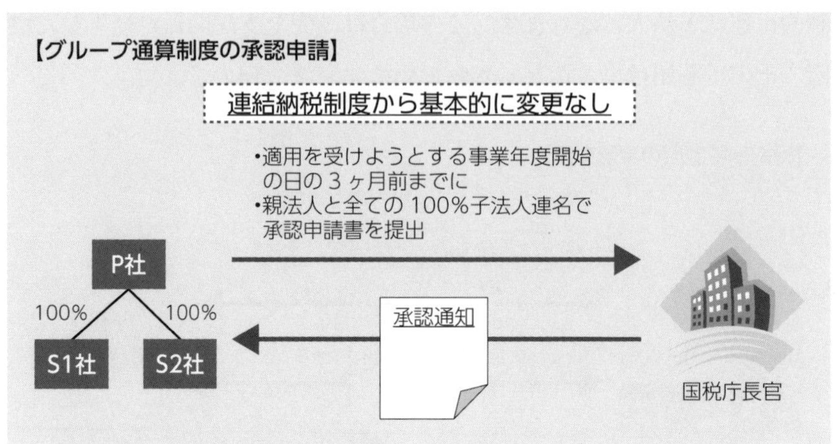
【グループ通算制度の承認申請】
連結納税制度から基本的に変更なし
•適用を受けようとする事業年度開始の日の３ヶ月前までに
•親法人と全ての100％子法人連名で承認申請書を提出
P社
100%
100%
S1社
S2社
承認通知
国税庁長官

②　既に連結納税制度を適用しているグループの場合

既に連結納税制度を適用している企業グループは、何ら手続きを要することなく、令和４年４月１日以後に開始する事業年度からはグループ通算制度が適用されます。

4 制度の取り止め

Point

- 連結納税制度の取り止めが認められるのは、原則として、やむを得ない事情がある場合で国税庁長官の承認を受けたときに限られます。ただし、グループ通算制度への移行期に限り、届出書の提出により企業側の任意で連結納税制度の取り止めができるという措置が設けられています。
- グループ通算制度も、取り止めは、やむを得ない事情がある場合で国税庁長官の承認を受けたときに限られます。

連結納税制度

①　原則

連結納税制度の取り止めが認められるのは、やむを得ない事情がある場合で国税庁長官の承認を受けたときに限られています（法法４の５③）。やむを得ない事情とは、例えば、連結納税の適用を継続することにより事務負担が著しく過重になると認められる場合をいい（連基通1-3-6)、一般には、一度開始した連結納税制度を法人側の任意で取り止めることはできません。

なお、以下のようなケースでは、連結納税制度の承認は自動的に取り消されます（法法４の５②一、二）。

・連結親法人が他の内国法人の100％子法人になった場合

・連結子法人が一社もなくなった場合

②　グループ通算制度への移行に伴う経過的措置

令和４年４月１日以後最初に開始する事業年度開始の日の前日までに親法人の所轄税務署長に対し届出書を提出することにより、グループ通算制度に移行しない（連結納税制度の適用を取り止める）ことができます（新法法改正附則29②）。

これは、グループ通算制度への移行期に限り届出書の提出により企業側の任意で取り止めができるという措置です。今後のグループ内損益通算による税負担減少効果や、グループ通算制度に改組されることに伴う影響を勘案の上、届出書提出の要否を期限までに検討すべきでしょう。

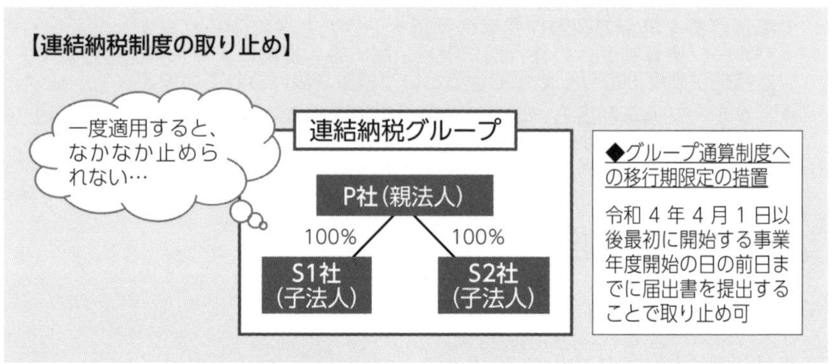

グループ通算制度

グループ通算制度においても、取り止めが認められるのは、原則として、やむを得ない事情がある場合で国税庁長官の承認を受けたときに限られます（新法法64の10①）。連結納税制度と同様に、一般には、一度適用したグループ通算制度を法人側の任意で取り止めることはできません。

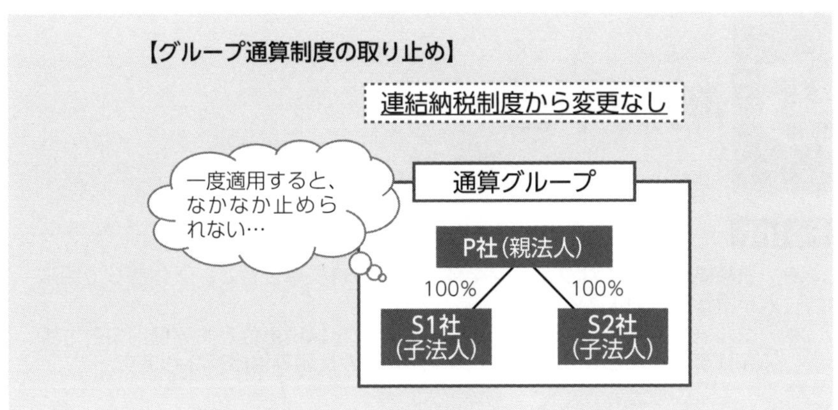
【グループ通算制度の取り止め】
連結納税制度から変更なし
一度適用すると、なかなか止められない…
通算グループ
P社（親法人）
100%
100%
S1社（子法人）
S2社（子法人）

5 納税単位

Point

- 連結納税制度ではグループ全体を一つの納税単位とし、一体として親法人が申告を行います。
- グループ通算制度では、各法人それぞれを納税単位とする個別申告方式になります。ただし、グループ内損益通算の仕組みは維持されます。

連結納税制度

連結納税制度では、連結納税グループを一つの納税単位とし、グループを一体として連結所得金額及び連結法人税額を計算します。連結法人税の申告書は連結親法人が自社の所轄税務署長に対して提出し、連結親法人が連結法人税の納付も行います（法法81の22、81の27）。

連結子法人は「連結法人税の個別帰属額の届出書」を自社の所轄税務署長に提出します（法法81の25）。個別帰属額の届出書には、個別所得金額や連結法人税個別帰属額（連結法人税の負担額）などを記載し、計算根拠を示す別表や財務諸表等を添付します。

なお、令和２年４月１日以後に終了する事業年度からは、連結親法人が電子申告により連結法人税申告書を提出した場合、子法人は個別帰属額の届出書の提出が不要とされています（法法81の25②）。個別帰属額の届出書は、親法人が提出する連結法人税申告書の添付書類として、親法人の所轄税務署長に対し電子データで提出されるからです。

連結納税制度は法人税と地方法人税だけの制度ですから、事業税や法人住民税等は単体納税と同様に各法人で申告書の提出及び納付を行います。

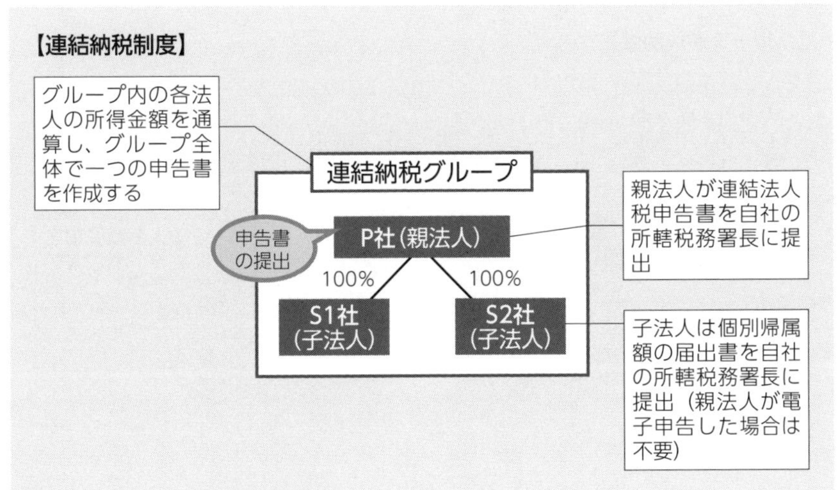
【連結納税制度】
グループ内の各法人の所得金額を通算し、グループ全体で一つの申告書を作成する
連結納税グループ
申告書の提出
P社（親法人）
100%
100%
S1社（子法人）
S2社（子法人）
親法人が連結法人税申告書を自社の所轄税務署長に提出
子法人は個別帰属額の届出書を自社の所轄税務署長に提出（親法人が電子申告した場合は不要）

グループ通算制度

グループ通算制度では、グループ内で損益通算を可能とする連結納税の基本的な枠組みは維持しつつ、納税単位を各法人それぞれとし、各法人が申告及び納付を行う個別申告方式とされます。なお、グループ通算制度の適用法人は、電子申告による法人税等の申告が義務付けられます（新法法75の４②二）。

グループ通算制度ではグループ内の各法人が申告を行うことが原則ですが、親法人の電子署名により子法人の申告を行うこともできることとされます（新法法150の３①）。前述の通り連結納税制度においては、連結親法人が電子申告により連結法人税申告書を提出した場合、子法人は個別帰属額の届出書の提出が不要とされます。グループ通算制度においてもその利便性を継続するため、親法人によるグループ全社の電子申告を認めたものです。なお、子法人の各種申請・届出についても、親法人の電子署名による提出が可能となります。

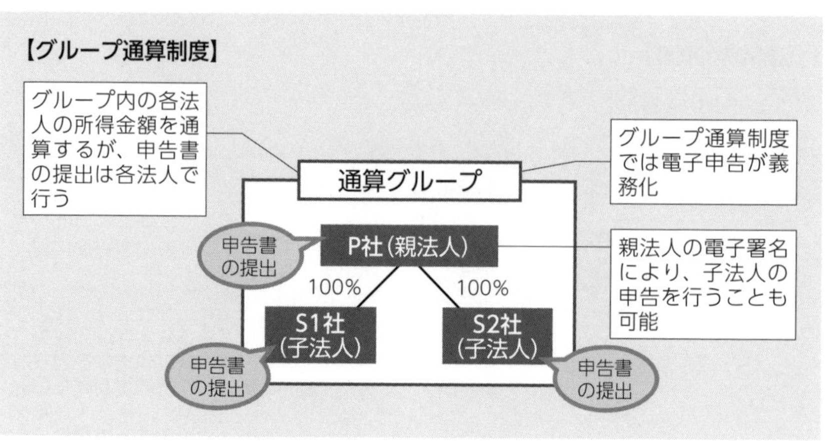
【グループ通算制度】
グループ内の各法人の所得金額を通算するが、申告書の提出は各法人で行う
通算グループ
グループ通算制度では電子申告が義務化
申告書の提出
P社（親法人）
親法人の電子署名により、子法人の申告を行うことも可能
100%
100%
S1社（子法人）
S2社（子法人）
申告書の提出
申告書の提出

6 損益通算とグループ内精算

Point

- 連結納税制度では、グループ内で損益を通算して連結所得金額を計算します。税務調査による否認等があった場合には、グループ全体で再計算を行います。
- グループ通算制度においてもグループ内損益通算は行いますが、通算の仕組みが連結納税制度とは異なります。また、税務調査による否認等があった場合でも、グループ内通算金額は基本的に当初申告額に固定され、一社の所得異動の影響が他社に波及しない仕組みになります。

単体納税制度

単体納税では、自社の所得金額に法人税率を乗じて法人税額を計算します。グループ内に赤字の法人と黒字の法人が混在していたとしても、当然のことながら他社の損失を自社で損金算入するといったことはできません。

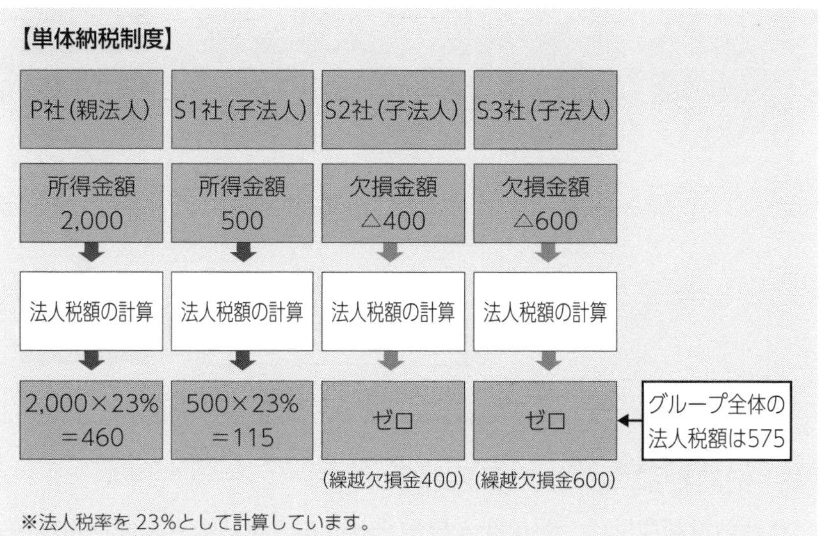

連結納税制度

① 損益通算

連結納税制度では、グループ内の各法人の損益を通算し、グループを一体として法人税額の計算を行います。グループ内で黒字と赤字を相殺することで各事業年度のグループ全体の税負担額を減らせることが、連結納税制度の最大の特徴でありメリットです。

具体的な計算手順としては、グループ内の各法人の所得金額を合計して連結納税グループ全体の連結所得金額を計算し、連結所得金額から連結法人税額を計算していきます。

なお、税務調査等によりグループ内の一社でも所得金額等に異動があった場合には、グループ全体で連結所得金額及び連結法人税額の再計算を行います。

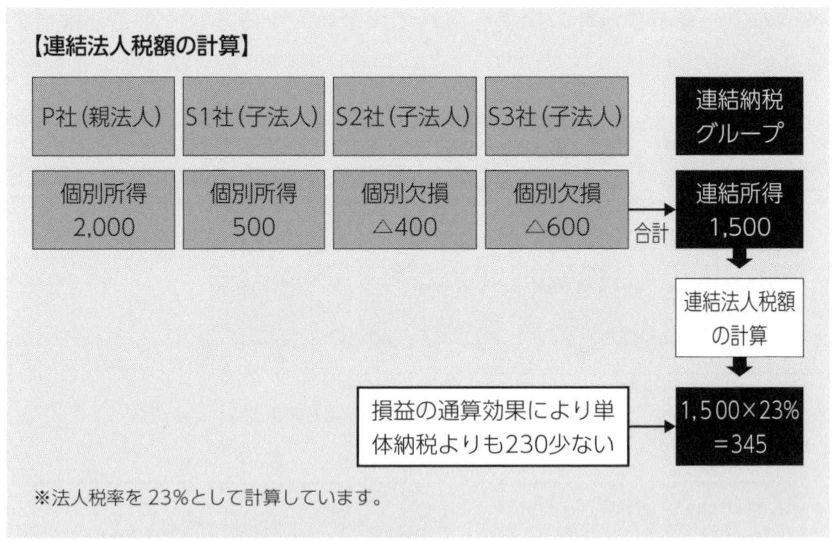

② 税負担額のグループ内精算

連結納税制度では、連結法人税額とともに「連結法人税個別帰属額」

を計算します（法法81の18）。連結法人税個別帰属額とは、グループ全体の連結法人税額を各社に割り振った金額で、いわば各社の負担額です。所得がプラスの法人にはプラスの負担額が、所得がマイナスの法人にはマイナスの負担額が割り振られます。

連結納税制度では連結親法人が連結法人税の納付を行うことになっていますので、法人税法上は、各社の負担額（連結法人税個別帰属額）の精算を行うかどうかは任意とされています。実務上は、親法人の納税資金を確保する観点から精算を行っているグループがほとんどで、親法人は幹事役となって自社も含めた各社の負担額の精算を行います。

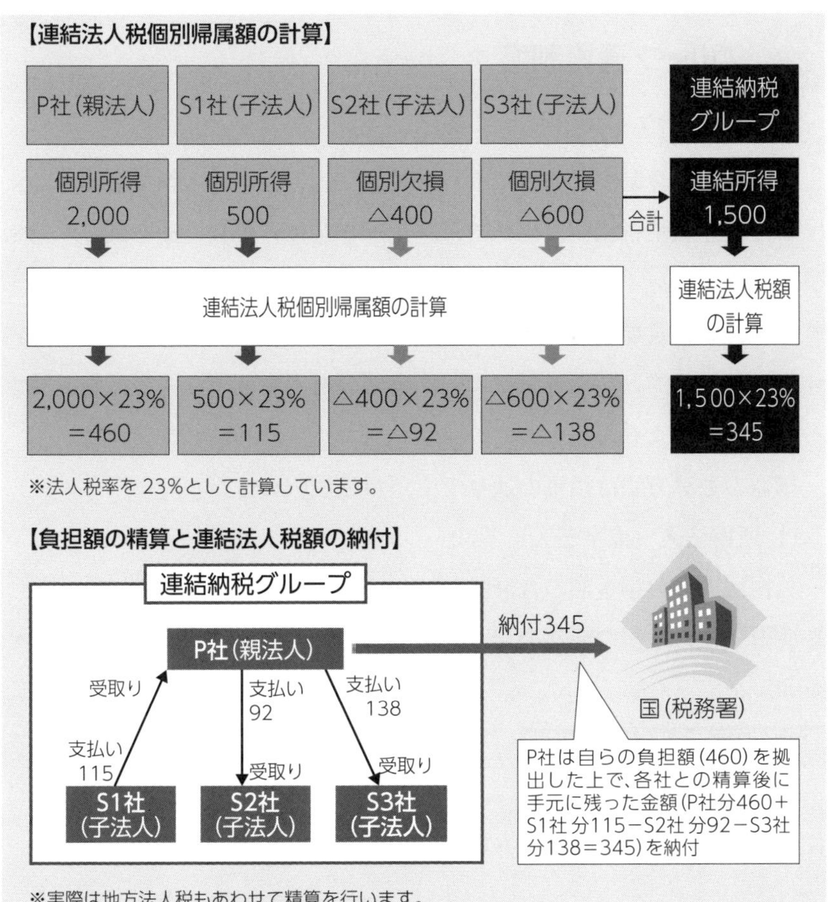

前頁の図の通り、黒字の子法人（S1社）にとっては、単体納税であれば法人税の負担額を自らが国に納付しますが、連結納税の場合は親法人に対して支払います。支払う相手が異なるだけでキャッシュアウトがあることに変わりはありません。一方赤字の子法人（S2社・S3社）にとっては、グループ全体の連結法人税を減らした貢献度に応じた現金を親法人から受け取ることができるところが、単体納税との大きな違いです。

なお、グループ内で税負担額を精算することに伴う収益の額（受領側）及び費用の額（拠出側）は、益金の額及び損金の額に算入しないこととされています（法法26④、38③）。

グループ通算制度

①　損益通算

グループ通算制度においても、グループ内の各法人の損益を通算しますので、連結納税制度と同様に、グループ全体の税負担額を減らす効果があります。

なお、申告及び納付は各法人が行うため、連結納税制度のように申告することを目的として通算グループ全体の所得金額や法人税額を計算することはありません。

損益の通算方法は以下の通りです（新法法64の５）。

（a）所得法人（黒字法人）

欠損法人の欠損金額の合計額（所得法人の所得の金額の合計額を限度）を所得法人の所得の金額の比で配分し、各所得法人において損金算入します。

（b）欠損法人（赤字法人）

所得法人において損金算入された金額の合計額を、欠損法人の欠損金額の比で配分し、各欠損法人において益金算入します。

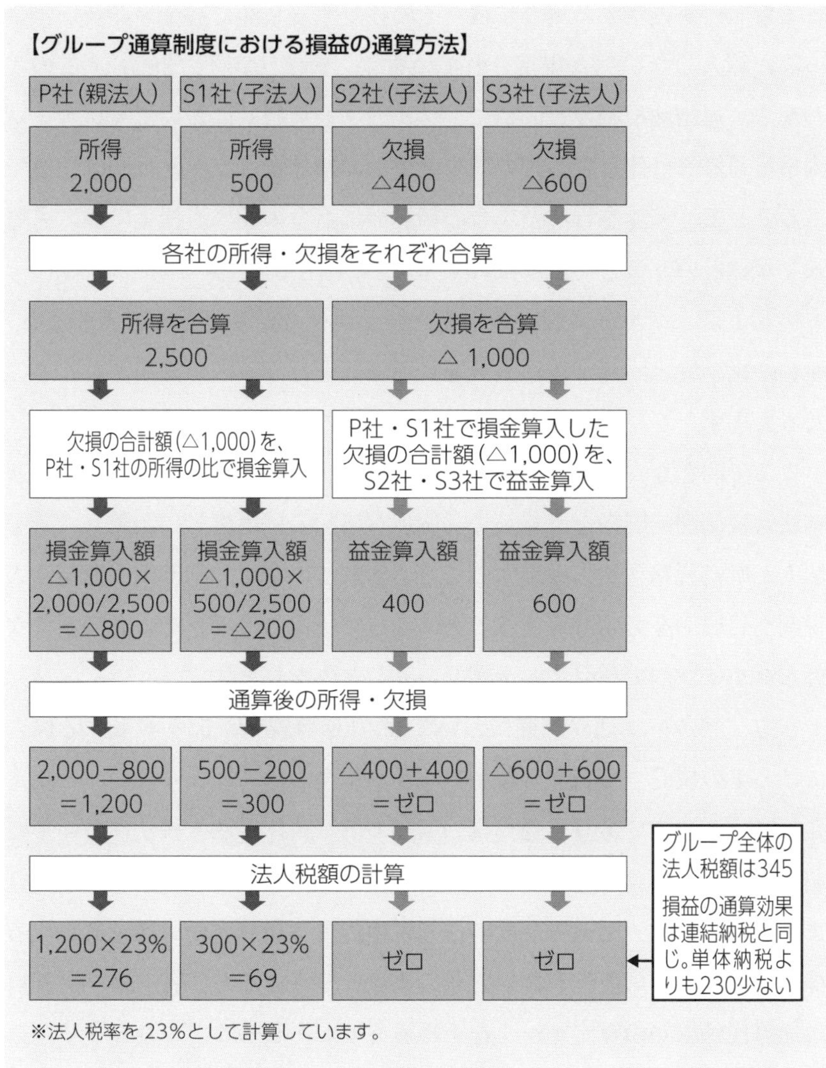

②　通算税効果額のグループ内精算

グループ通算制度における税負担の減少効果額の精算について、改正後の法人税法では、「通算税効果額（グループ通算制度を適用することにより減少する法人税等の額に相当する金額としてグループ内で授受される金額）を授受する場合には、その授受する金額は益金の額及び損金の額に算入しない」と規定されています（新法法26④、38③）。このことから、連結納税制度と同様に、グループ通算制度においてもグループ内損益通算等に伴う税負担の減少効果額の精算を行うかどうかは任意であることと、精算を行った場合の精算額は益金の額にも損金の額にも算入しないということが読み取れます。

実務上は、グループ内での精算を行うケースが多くなると予想され、連結納税制度と同様に親法人を通じて精算を行う方法が採用されるものと考えます。

ここで問題なのは通算税効果額の計算方法です。連結納税制度では連結法人税個別帰属額を計算して「個別帰属額の届出書」に記載し、各子法人が所轄税務署長に提出することとされています。制度上、連結法人税個別帰属額を必ず計算することになっているわけで、その金額がすなわちグループ内で授受する金額ということになります。

一方、グループ通算制度においては、「通算税効果額を授受する場合には、その授受する金額は益金の額及び損金の額に算入しない」と規定されているのみであり、通算税効果額の計算自体が法人税法において要請されているわけではありません。したがって、現時点で明確ではありませんが、グループ通算制度の法人税申告書は通算税効果額を計算する様式にならない可能性が高いと考えます。そうすると、各グループ独自に通算税効果額の算定ルールを定める必要が生じることになります。そのルールによっては、後述する税効果会計にも影響を及ぼすことになると考えられるため、国税庁Q&A等による計算指針の提供が望まれます。

なお、グループ内精算額の計算例を挙げると、次項の図の通りです。

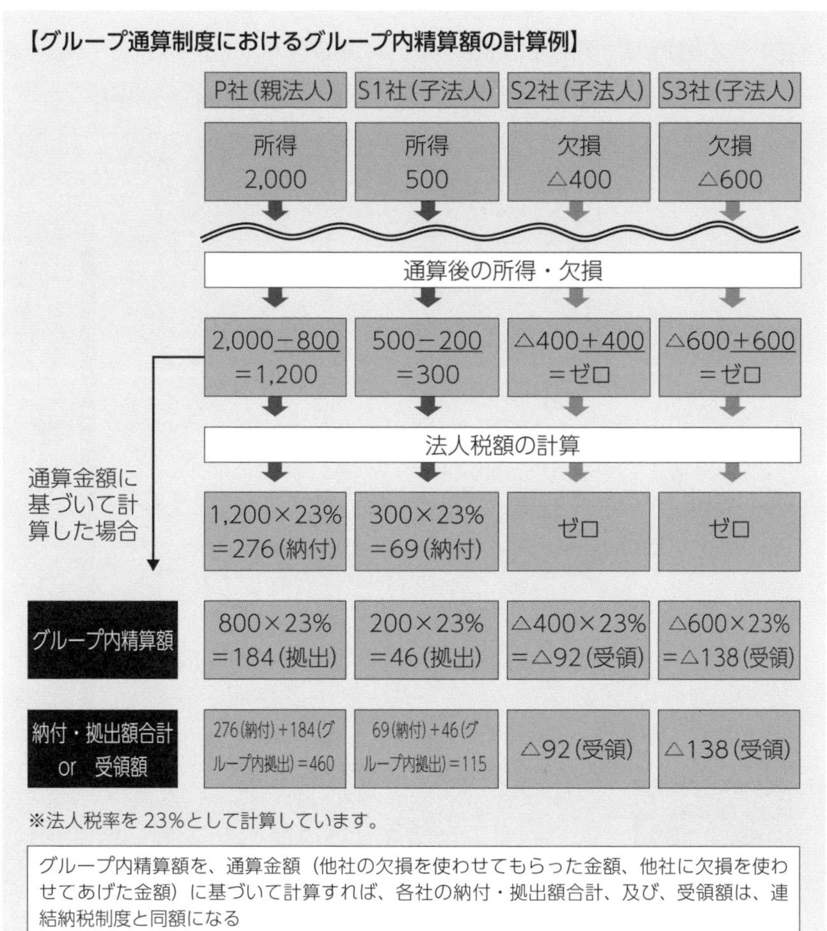

③　事後的に所得が異動した場合の計算方法

（a）原則

税務調査等でグループ内のいずれかの法人の所得金額等が事後的に異動した場合、連結納税制度ではグループ全体で計算のやり直し作業が必要になります。一方、グループ通算制度においては、損益の通算額は原則として当初申告額に固定されます（新法法64の5⑤）。これにより、一社の計算ミスや税務調査による否認の影響がグループ内の他の法人に波及しない仕組みになります。

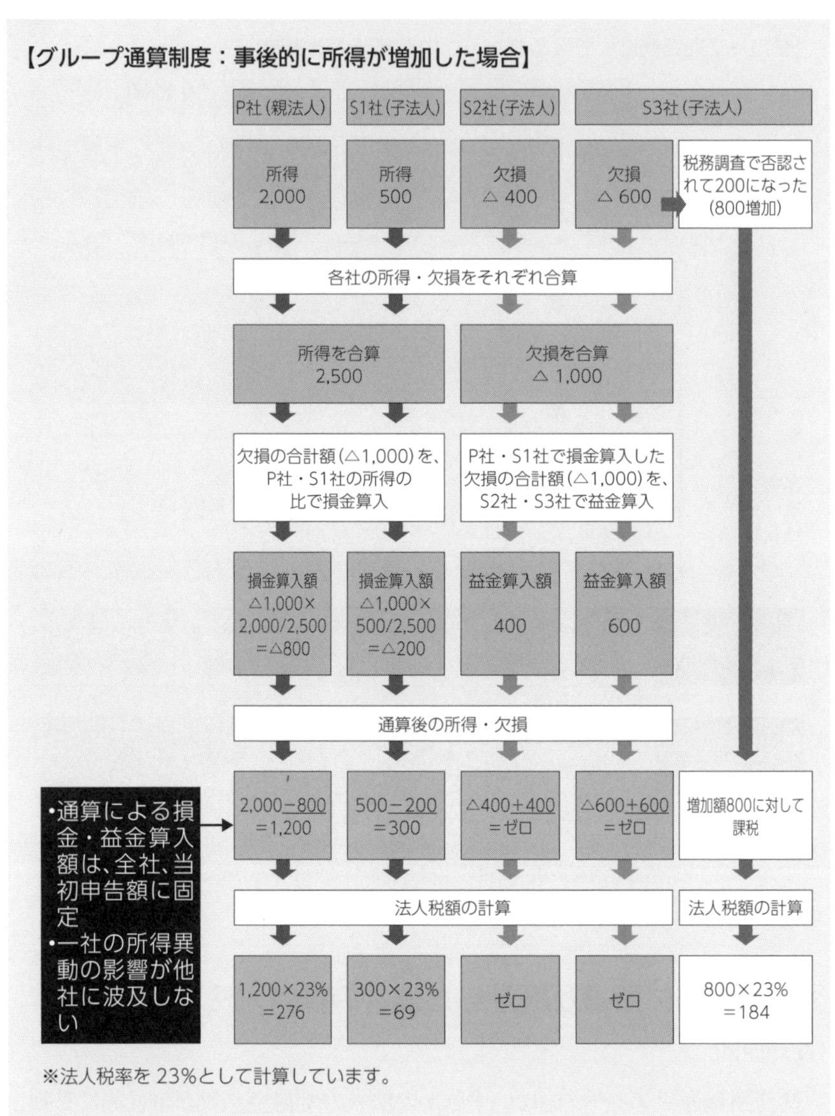

なお、当初申告の段階でグループ内のある法人がその事業年度の欠損金額を他社に使用させていた場合で、修正によりその法人に所得が発生することとなったとき（上図のS3社のようなケース）は、その増差所得金額に係る追徴税額をその法人が納付できなくなるといった事態が想

定されます。

そのため、グループ通算制度の親法人及び各子法人には、通算グループ内の他の法人の法人税等について連帯納付責任が課せられます（新法法152①、新地方法人税法31①）。

（b）例外的な取扱い

欠損金の繰越期間に対する制限を潜脱するため、又は、離脱法人に欠損金を帰属させるため、あえて誤った当初申告を行うなど法人税の負担を不当に減少させる結果となると認めるときは、税務署長の職権更正により、グループ内の損益通算を再計算できることとされます（新法法64の５⑧）。

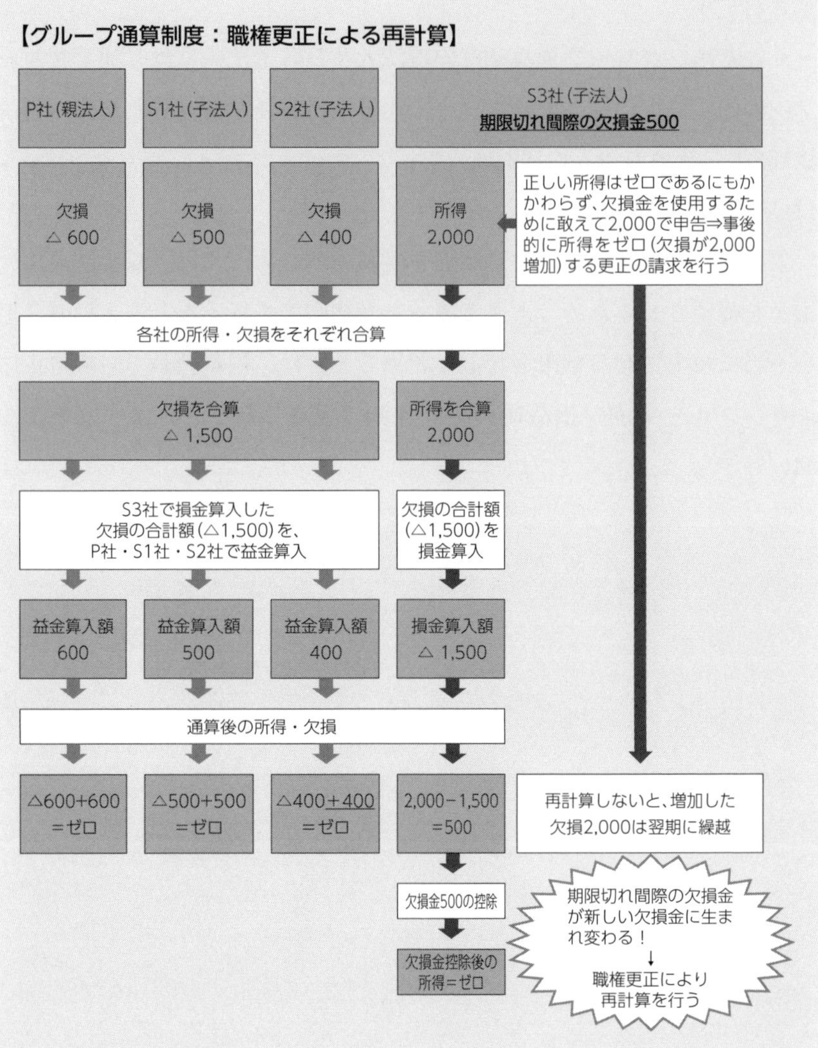
【グループ通算制度：職権更正による再計算】
P社（親法人）
S1社（子法人）
S2社（子法人）
S3社（子法人）
期限切れ間際の欠損金500
欠損
△ 600
欠損
△ 500
欠損
△ 400
所得
2,000
正しい所得はゼロであるにもかかわらず、欠損金を使用するために敢えて2,000で申告⇒事後的に所得をゼロ（欠損が2,000増加）する更正の請求を行う
各社の所得・欠損をそれぞれ合算
欠損を合算
△ 1,500
所得を合算
2,000
S3社で損金算入した
欠損の合計額（△1,500）を、
P社・S1社・S2社で益金算入
欠損の合計額
（△1,500）を
損金算入
益金算入額
600
益金算入額
500
益金算入額
400
損金算入額
△ 1,500
通算後の所得・欠損
△600+600
=ゼロ
△500+500
=ゼロ
△400+400
=ゼロ
2,000−1,500
=500
再計算しないと、増加した
欠損2,000は翌期に繰越
欠損金500の控除
欠損金控除後の
所得=ゼロ
期限切れ間際の欠損金
が新しい欠損金に生まれ変わる！
↓
職権更正により
再計算を行う

7 繰越欠損金控除額の通算

Point

- 連結納税制度では、連結欠損金の控除限度額は連結納税グループを一体として計算します。
- グループ通算制度においても、繰越欠損金の控除限度額は通算グループを一体として計算します。

単体納税制度

過去10年以内に生じた繰越欠損金は、所得金額から控除することができます（法法57①）。

繰越欠損金の控除限度額は、欠損金控除前の所得の金額の50％相当額です（法法57①）。なお、中小法人等の場合は所得の金額を限度として控除できます（法法57⑪）。

単体納税の場合は、当然のことながら、他社が有する繰越欠損金を自社で控除するといったことはできません。

【単体納税制度】

※法人税率は23％で計算

	P社	S1社	合計
繰越欠損金	0	4,000	
所得金額（欠損金控除前）	1,000	0	
繰越欠損金の控除額	0	0	
所得金額（欠損金控除後）	1,000	0	
法人税額	230	0	230

← グループ全体の法人税額は230

連結納税制度

①　欠損金控除額の全体計算

過去10年以内に生じた連結欠損金は、連結所得の金額から控除することができます（法法81の９①）。

連結欠損金の控除限度額は連結納税グループを一体として計算することとされ、連結欠損金控除前の連結所得の金額（連結納税グループ全体の所得の金額）の50％相当額が控除限度額になります（法法81の９①）。なお、連結親法人が中小法人等に該当する場合は、連結所得の金額を限度として控除できます（法法81の９⑧）。

グループを一体として計算することで、単体納税である場合と比較すると、グループ全体の税負担額が減少する効果があります。

【連結納税制度】

	P社	S1社	合計
連結欠損金	0	4,000	4,000
所得金額（欠損金控除前）	1,000	0	1,000
連結欠損金の控除額	0	1,000	1,000
所得金額（欠損金控除後）	1,000	△1,000	0
連結法人税額			0

※中小法人特例の適用があるものとする
※連結欠損金に特定連結欠損金は含まれていないものとする

グループ全体で控除限度額を計算

S1社は欠損金控除により所得がマイナスになる

欠損金の通算効果により、グループ全体の法人税額はゼロ

②　グループ内精算額

連結納税グループ内で税負担額の精算を行う場合の各社の税負担額の計算方法は、P35に記載した方法と同様です。連結法人税個別帰属額がプラスの法人はその金額を拠出し、連結法人税個別帰属額がマイナスの法人はその金額を受領します。

【連結納税制度】

※法人税率は23％で計算

	P社	S1社	合計
連結欠損金	0	4,000	4,000
所得金額（欠損金控除前）	1,000	0	1,000
連結欠損金の控除額	0	1,000	1,000
所得金額（欠損金控除後）	1,000	△1,000	0
連結法人税額			0
連結法人税個別帰属額 (グループ内で授受する金額) (プラスは拠出、マイナスは受領)	230	△230	

連結法人税個別帰属額(各社の税負担額)＝各社の所得金額×法人税率
所得がプラスのP社にはプラスの負担額が、所得がマイナスのS1社にはマイナスの負担額が割り振られる

グループ通算制度

①　欠損金控除額の全体計算

グループ通算制度においても、繰越欠損金の控除限度額は通算グループを一体として計算することとされます。

控除限度額は、通算グループ内の各法人の欠損金繰越控除前の所得金額の50％相当額の合計額になります（新法法64の７①）。なお、通算グループ内の全法人が中小法人等である場合は、通算グループ内の各法人の欠損金繰越控除前の所得金額の合計額が控除限度額になります（中小企業向け特例についてはＰ48参照）。

欠損金の控除限度額を通算グループ全体で計算するとはいえ、グループ通算制度は各法人による個別申告方式が採用されますので、連結納税制度とは控除額の計算方法が異なります。次頁の図のように、S1社の繰越欠損金をＰ社に付け替えるようなイメージで、欠損金の控除額と欠損金控除後の所得金額が計算されます。

【グループ通算制度】

	P社	S1社	合計
繰越欠損金	0	4,000	4,000
所得金額（欠損金控除前）	1,000	0	1,000
繰越欠損金の控除額	1,000	0	1,000
所得金額（欠損金控除後）	0	0	0
法人税額	0	0	0

グループ全体で控除限度額を計算

S1社の欠損金をP社に付け替えるイメージ

欠損金の通算効果により、グループ全体の法人税額はゼロ

※中小法人特例の適用があるものとする
※繰越欠損金に特定欠損金は含まれていないものとする

②　グループ内精算額

グループ通算制度においては、グループ内損益通算や欠損金通算に伴う税負担の減少効果額の精算を行うかどうかは任意ですが（P37参照）、精算した場合の各社の拠出額及び受領額について検討してみます。

P社は欠損金を有していませんが、S1社の欠損金のうち1,000を付け替えることによる税負担の減少効果が230（＝1,000×法人税率23％）生じています。この金額を、欠損金を使わせてもらった対価として拠出します。一方S1社は、自社の欠損金のうち1,000をP社に使わせてあげた対価として230を受領します。グループ内でこの精算を行うことを前提とすれば、拠出額及び受領額は連結納税の場合と同額になります。

【グループ通算制度】

※法人税率は23%で計算

	P社	S1社	合計
繰越欠損金	0	4,000	4,000
所得金額（欠損金控除前）	1,000	0	1,000
繰越欠損金の控除額	1,000	0	1,000
所得金額（欠損金控除後）	0	0	0
法人税額	0	0	0
グループ内で授受する金額 （プラスは拠出、マイナスは受領）	230	△230	0

S1社の欠損金を使わせてもらったＰ社は税負担の減少効果額（1,000×23%＝230）を拠出、Ｐ社に欠損金を使わせてあげたS1社はその金額を受領

③　税務調査等で金額に異動が生じた場合

（ａ）原則

グループ内損益通算（Ｐ39参照）と同様に、税務調査等で自社の所得金額又は過年度の欠損金額が事後的に異動したとしても、原則としてその影響はグループ内の他の法人に波及しないこととされます（新法法64の７④）。この場合は、一定の調整を行った上で自社のみで欠損金の繰越控除額の再計算を行うこととされます。

（ｂ）例外的な取扱い

グループ内損益通算と同様に、欠損金の繰越期間に対する制限を潜脱するため、又は、離脱法人に欠損金を帰属させるため、あえて誤った当初申告を行うなど法人税の負担を不当に減少させる結果となると認めるときは、税務署長の職権更正により、グループ内の繰越欠損金の通算額を再計算できることとされます（新法法64の７⑧）。

8 中小企業向け特例

Point

- 連結納税制度では、連結親法人が中小企業である場合に、基本的にグループ全体で中小企業向け特例の適用があります。
- グループ通算制度では、グループ内に一社でも中小企業以外の法人がある場合には、グループ全社で中小企業向け特例の適用が受けられなくなります。

連結納税制度

① 中小法人特例

連結納税制度では、連結親法人が中小法人等に該当する場合は、基本的に連結納税グループ全体で中小法人特例の適用が受けられることとされています。具体的な判定方法は以下の通りです。

特例		概要	適用可否判定
全体計算項目	軽減税率の適用	年800万円以下の連結所得について、15％の軽減税率を適用（法法81の12②、措法68の8）	連結親法人が中小法人等である連結納税グループは特例の適用あり
	特定同族会社の留保金課税の不適用	一定の同族会社が一定額以上の内部留保をした場合に課される特別税率（留保金課税）の不適用（法法67、81の13）	
	交際費等の損金不算入制度における定額控除制度	連結納税グループ全体で年800万円以下の交際費等は全額損金算入（措法68の66）	
	欠損金の繰越控除制度の特例	連結欠損金を、当期の連結所得を限度として損金算入（法法81の9①、⑧一）	
各法人ごとに計算する項目	貸倒引当金の損金算入	その法人の業種に関わらず、繰入限度額に達するまでの金額を損金算入（法法52、81の3、措法68の59）	連結親法人が中小法人等で、かつ、その法人の資本金が１億円以下の場合に限り特例の適用あり

②　中小企業者特例

連結納税制度では、連結親法人が中小企業者等に該当する場合は、基本的に連結納税グループ全体で中小企業者特例の適用が受けられることとされています。具体的な判定方法は以下の通りです。

特例		概要	適用可否判定
全体計算項目	試験研究費の特別控除の特例	税額控除割合を優遇（措法68の９①④⑧六、措令39の39⑪）	連結親法人が中小企業者等である連結納税グループは特例の適用あり
	所得拡大促進税制	大企業に適用される制度（賃上げ・投資促進税制）に比して適用要件を緩和（措法68の15の６①②）	
各法人ごとに計算する項目	中小企業投資促進税制の適用	機械等を取得した場合に特別償却又は特別控除※を認める（措法68の11）	連結親法人が中小企業者等で、かつ、その法人の資本金が１億円以下の場合に限り特例の適用あり

※特別控除は連結親法人の資本金が３千万円以下の場合に限定されています（措令39の41③）

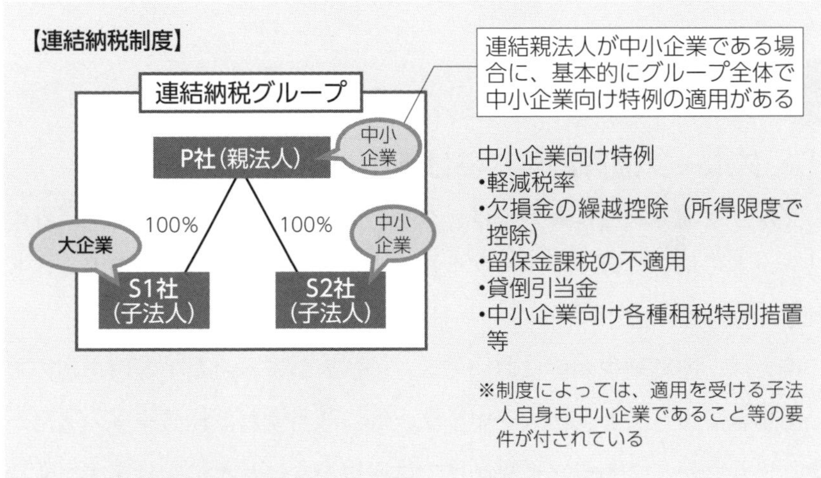

③　適用除外事業者

単体納税制度では、前３事業年度の平均所得金額が年15億円を超える場合には、租税特別措置法に規定されている一部の中小法人特例・中小企業者特例の適用が受けられないこととされています（措法42の４

⑧八)。この“所得基準”が適用される法人を「適用除外事業者」といいます。

連結納税制度においても、前３事業年度の平均連結所得金額が15億円を超える連結納税グループに属する法人は、租税特別措置法に規定されている一部の中小法人特例・中小企業者特例の適用が受けられないこととされています（措法68の９⑧七、措令39の39⑫～⑯)。

所得基準が適用される主な特例は次の通りです。

所得基準が適用される主な特例
①軽減税率の特例（法人税法上の軽減税率（19%）を更に15%に軽減）（措法68の８）
②貸倒引当金の損金算入（法定繰入率）（措法68の59)
③試験研究費の特別控除の特例（措法68の９①④⑧六、措令39の39⑪)
④所得拡大促進税制（措法68の15の６①②)
⑤中小企業投資促進税制の適用（措法68の11)

グループ通算制度

①　グループ通算制度における中小企業向け特例

グループ通算制度においては、グループ内に一社でも中小企業以外の法人がある場合には、グループ全社で中小企業向け特例の適用が受けられなくなります。

例えば、連結納税制度においては、子法人の資本金が１億円を超えている場合であっても親法人が中小法人等に該当すれば軽減税率の適用がありましたが、グループ通算制度では適用がないことになります（新法法66⑥)。

繰越欠損金の控除額や留保金課税適用の有無等、中小企業向け特例の適用が受けられないとなると、納税額に直接影響を受けることになります。現行の連結納税制度において中小企業向け特例の適用を受けている企業グループは、改正による影響について検証を行う必要があるといえます。

グループ通算制度は、連結納税制度と同様に、一度適用を開始すると取り止めが認められるのは原則としてやむを得ない事情がある場合で国税庁長官の承認を受けたときに限られます（Ｐ28参照）。一般には、一度適用したグループ通算制度を任意に取り止めることはできません。ただし、グループ通算制度への移行期に限り届出書の提出により企業側の任意で連結納税制度の取り止めができるという措置が設けられていますので（Ｐ27参照）、グループ通算制度に移行することに伴うデメリットが大きい場合には、この届出書の提出要否を検討すべきでしょう。なお、届出書の提出期限は令和４年４月１日以後最初に開始する事業年度開始の日の前日までとされています（新法法改正附則29②）。

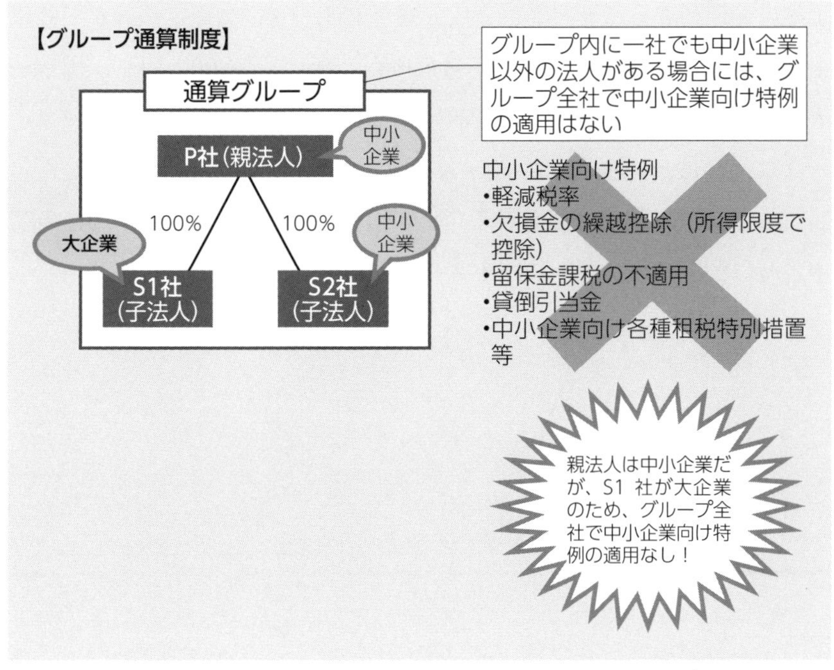

② 適用除外事業者の判定

通算グループ内のいずれかの法人の前３事業年度の平均所得金額が年15億円を超える場合には、通算グループ内の全ての法人が適用除外事業者に該当することとされます（新措法42の４④）。

グループ通算制度への移行前に、この改正が自社グループに影響があるか否かの検証が必要でしょう。

③ 軽減税率の対象所得金額の配分計算

連結納税制度における軽減税率は、連結所得の金額に対して年800万円を限度に適用できます。連結納税グループ内に中小法人が複数あったとしても、その数に応じて年800万円の適用枠が増加するわけではありません。

グループ通算制度も同様に、軽減税率はグループ全体で年800万円を限度に適用できることとされます。通算グループ内に黒字法人が二社以上ある場合の各法人の軽減税率対象所得金額は、年800万円を、黒字法人の所得金額の比で配分した金額になります（新法法66⑦）。

なお、グループ内のいずれかの法人の所得金額が事後的に異動したとしても、軽減税率が適用される年800万円の配分計算は、基本的に当初申告時に配分された金額に固定されます（新法法66⑧）。

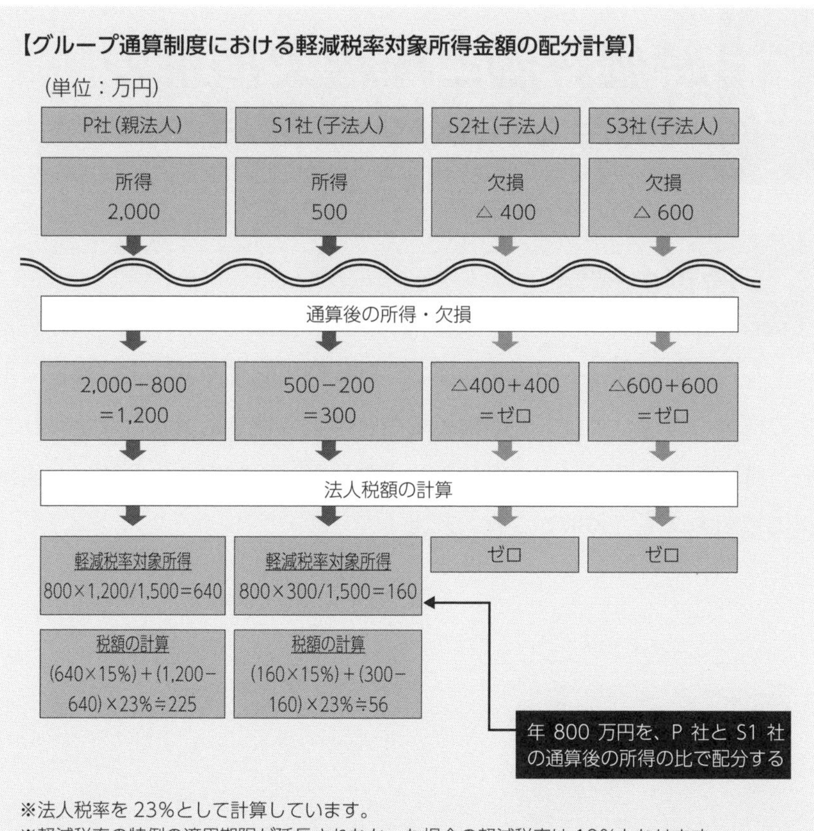
【グループ通算制度における軽減税率対象所得金額の配分計算】
(単位：万円)
P社(親法人)
S1社(子法人)
S2社(子法人)
S3社(子法人)
所得 2,000
所得 500
欠損 △ 400
欠損 △ 600
通算後の所得・欠損
2,000－800 ＝1,200
500－200 ＝300
△400＋400 ＝ゼロ
△600＋600 ＝ゼロ
法人税額の計算
軽減税率対象所得 800×1,200/1,500＝640
軽減税率対象所得 800×300/1,500＝160
ゼロ
ゼロ
税額の計算 (640×15%)＋(1,200－640)×23%≒225
税額の計算 (160×15%)＋(300－160)×23%≒56
年 800 万円を、P 社と S1 社の通算後の所得の比で配分する
※法人税率を 23%として計算しています。
※軽減税率の特例の適用期限が延長されなかった場合の軽減税率は 19%となります。

9 時価評価と繰越欠損金の切捨てに関する制度

1 改正の趣旨

グループ通算制度への改正に伴い、時価評価制度や各法人の繰越欠損金の取扱いについては、組織再編税制との整合性を勘案した改正が行われ、時価評価の要否判定や繰越欠損金の使用可否判定の各要件に、組織再編税制の考え方が取り入れられます。

【改正の趣旨】

連結納税制度

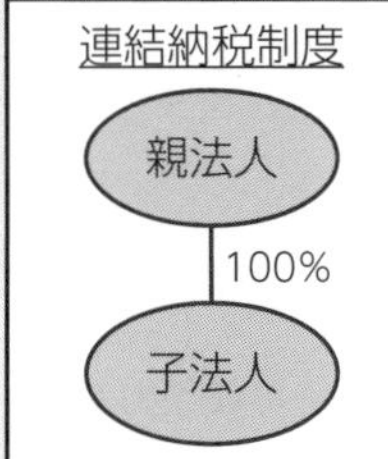

親法人は
•時価評価なし
•繰越欠損金の切捨てなし

子法人は以下を満たせば時価評価なし、繰越欠損金の切捨てなし
•5 年超の完全支配関係
•設立以来の完全支配関係　等

グループ通算制度

親法人
100%
子法人

組織再編税制に近づける

【組織再編税制】

合併

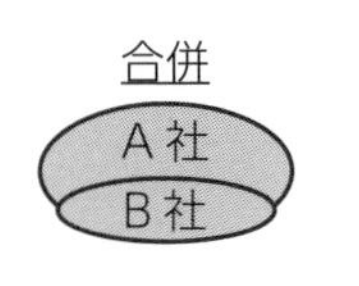

適格要件を満たせば
•時価評価なし
•原則として繰越欠損金の切捨てなし

合併前に A 社と B 社に支配関係がある場合には、以下のいずれかを満たせば繰越欠損金の切捨てなし
•5 年超の支配関係
•設立以来の支配関係
•みなし共同事業要件

2 時価評価及び繰越欠損金切捨て対象となる法人の範囲

Point

- 連結納税制度の時価評価及び繰越欠損金の切捨てに関する制度が、組織再編税制との整合性を図る観点から改組されます。
- グループ通算制度では、連結納税制度と比較すると、時価評価及び繰越欠損金切捨て対象となる法人の範囲が概ね縮小されます。

連結納税制度

単体納税制度の下で生じた含み損益や繰越欠損金を、異なる納税単位である連結納税制度に持ち込むことは望ましくないという観点から、連結納税の開始又は子法人の連結納税グループへの加入の際に、①保有資産を時価評価する、②繰越欠損金を切り捨てる、という２つの制度が設けられています。制度概要は次の通りです。

①　保有資産の時価評価

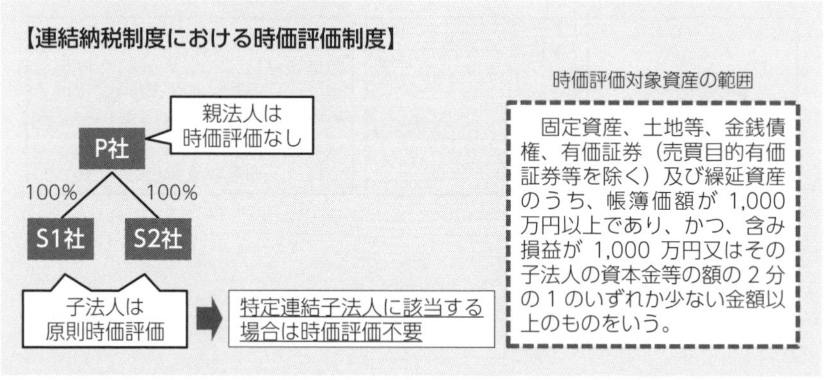
【連結納税制度における時価評価制度】
P社
親法人は時価評価なし
100%
100%
S1社
S2社
子法人は原則時価評価
特定連結子法人に該当する場合は時価評価不要
時価評価対象資産の範囲
固定資産、土地等、金銭債権、有価証券（売買目的有価証券等を除く）及び繰延資産のうち、帳簿価額が 1,000 万円以上であり、かつ、含み損益が 1,000 万円又はその子法人の資本金等の額の 2 分の 1 のいずれか少ない金額以上のものをいう。

(a) 子法人の取扱い

a　原則

連結納税の開始又は子法人の連結納税グループへの加入にあたっては、連結子法人となる法人の保有する資産を時価評価することとされています（法法61の11、61の12）。したがって、連結子法人となる法人においては、連結納税の開始又は連結納税グループへの加入直前事業年度において、資産の時価評価益及び時価評価損が益金・損金に算入されます。

この評価損益の計上は、法人税申告書別表４及び別表５⑴上で行います。会計処理により損益計算書に評価損益を計上するというわけではありません。

b　特定連結子法人に該当する場合の特例

子法人が特定連結子法人に該当する場合には時価評価の対象外とされます。

特定連結子法人の代表例は次の通りです。おおまかに言うと、５年超の期間にわたってグループ内の100％子法人（孫法人等も含みます）である法人や、グループ内で設立された法人、適格株式交換等による完全子法人は特定連結子法人に該当します。

■連結納税を開始する場合の特定連結子法人の代表例（法法61の11①二、三、四）

・連結納税開始日の５年前の日から継続して連結親法人となる法人による完全支配関係が継続している子法人

・連結納税開始日の５年前の日以後にグループ内で設立された子法人で、設立日から開始日まで継続して連結親法人となる法人による完全支配関係が継続しているもの

・適格株式交換等による完全子法人で、連結納税開始日まで連結親法人となる法人による完全支配関係が継続している子法人

■既に連結納税を開始しているグループに子法人が加入する場合の特定連結子法人の代表例（法法61の12①一、二）

・グループ内で設立された子法人

・適格株式交換等による完全子法人

(b) 親法人の取扱い

連結納税開始時に親法人が保有している資産を時価評価する必要はありません。

② 繰越欠損金の切捨て

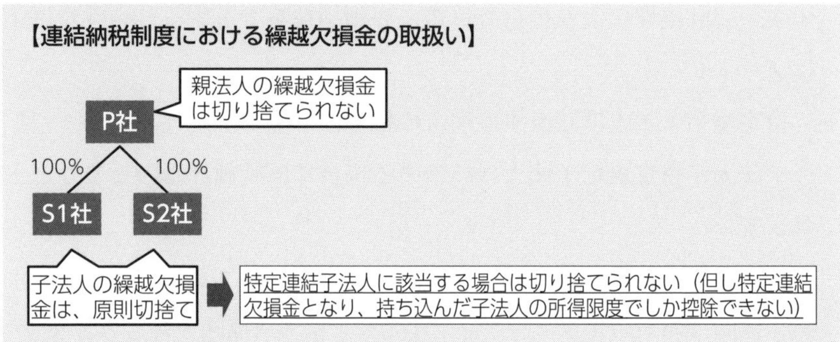
【連結納税制度における繰越欠損金の取扱い】
親法人の繰越欠損金は切り捨てられない
P社
100%
100%
S1社
S2社
子法人の繰越欠損金は、原則切捨て
特定連結子法人に該当する場合は切り捨てられない（但し特定連結欠損金となり、持ち込んだ子法人の所得限度でしか控除できない）

(a) 子法人の取扱い

a 原則

連結納税の開始又は子法人の連結納税グループへの加入にあたり、連結子法人となる法人が有する繰越欠損金を連結納税グループ内に持ち込むことはできません。すなわち、子法人が有していた繰越欠損金は、連結納税の開始又は加入に伴い切り捨てられます。

b 特定連結子法人に該当する場合の特例

子法人が特定連結子法人に該当する場合には、連結納税の開始又は加入前に子法人が有していた繰越欠損金は、連結納税グループ内に持ち込むことができます（法法81の９②）。特定連結子法人が持ち込んだ繰越欠損金を「特定連結欠損金」といいます。

特定連結欠損金には控除に制限があり、その特定連結欠損金を持ち込んだ子法人の所得限度でしか控除できません（法法81の９①③）。つまり持ち込んだ子法人がその後赤字であれば、欠損金を持ち込んだとしても使用する機会はありません。その意味では、単体納税における繰越欠損金と何ら変わるところはありません。

(b) 親法人の取扱い

連結納税開始時に親法人が有していた繰越欠損金は切り捨てられることはありません。

特定連結欠損金に対し、グループ全体で使用することができる欠損金のことを「非特定連結欠損金」といいます。非特定連結欠損金には、「親法人が連結納税開始時に有していた繰越欠損金」と、「連結納税開始後に連結納税グループ内で生じた欠損金」の２種類があります（法法81の９①②）。

親法人が連結納税開始時に有していた繰越欠損金は、親法人が赤字であっても、グループ全体でプラスの所得が生じるのであれば使用することができます。連結納税制度を開始してから連結納税グループ内で生じた欠損金も、どの法人の赤字に基因する欠損金であるかにかかわらずグループ全体で使用することができます。

【連結納税制度における欠損金の控除例】 ※中小法人特例の適用があるものとする

◆S1 社が特定連結子法人に該当しない場合

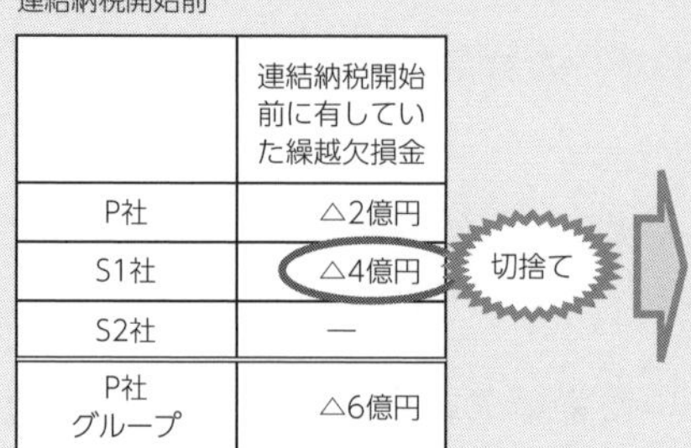

連結納税開始前

	連結納税開始前に有していた繰越欠損金
P社	△2億円
S1社	△4億円
S2社	—
P社グループ	△6億円

連結納税開始後

所得金額	欠損金控除額	欠損金控除後の所得金額
8億円	△2億円	
3億円	—	
△5億円	—	
6億円	△2億円	4億円

◆S1 社が特定連結子法人に該当する場合

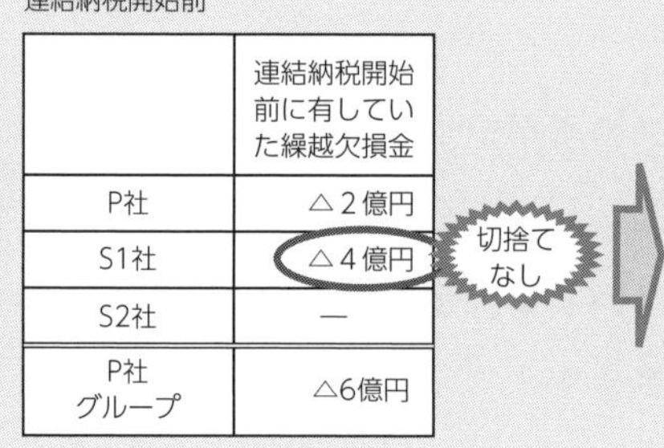

連結納税開始前

	連結納税開始前に有していた繰越欠損金
P社	△ 2 億円
S1社	△ 4 億円
S2社	—
P社グループ	△6億円

連結納税開始後

所得金額	欠損金控除額	欠損金控除後の所得金額
8億円	△2億円	
3億円	△3億円	
△5億円	—	
6億円	△5億円	1億円

•S1社の所得（3億円）限度で控除
•残額1億円は翌期に繰越し

グループ通算制度

組織再編税制においては、例えば非適格合併により合併を行う場合、被合併法人の有する資産は時価評価することとされ、かつ、被合併法人の繰越欠損金は切り捨てられます。組織形態を変更して一つの法人格となる合併と、課税上あたかも一つの法人であるかのように捉える連結納税制度は、税制上中立であることが望ましいと考えられます。

そこで、グループ通算制度においては、租税回避防止の観点を踏まえつつ組織再編税制との整合性を図るため、時価評価対象法人及び繰越欠損金の切捨て対象法人の範囲の見直しが行われます。

これにより、連結納税制度と比較すると、時価評価及び繰越欠損金切捨て対象となる法人の範囲が概ね縮小されます。買収した子法人が連結納税グループに加入する際の時価評価や繰越欠損金の切捨ては、連結納税制度採用のデメリットのひとつとされていましたが、グループ通算制度ではこのデメリットが大幅に緩和されます。企業買収の可能性があるグループにとっては、使い勝手が良い制度になるといえます。

なお、グループ通算制度においては、時価評価の対象とならない法人のことを「時価評価除外法人」と呼びます（新法法57⑥）。

①　親法人の取扱い

グループ通算制度開始時において、いずれの子法人との間にも完全支配関係の継続が見込まれない場合には、時価評価及び繰越欠損金の切捨て対象になります（新法法57⑥、64の11①一）。

つまり、グループ通算制度では、親法人も時価評価及び繰越欠損金の切捨て対象になり得ることになります。しかしながら、いずれの子法人とも完全支配関係の継続が見込まれない親法人がグループ通算制度の採用を検討することは稀であると思われるため、この改正が影響するケースは実務上ほとんどないものと考えます。

②　子法人の取扱い

（a）グループ通算制度開始時

グループ通算制度開始時において、親法人との間の完全支配関係の継続が見込まれない子法人は、時価評価及び繰越欠損金の切捨て対象になります（新法法57⑥、64の11①二）。

連結納税制度とは判定方法が全く異なりますが、この改正に伴い、開始時の時価評価及び繰越欠損金切捨て対象の子法人の範囲は縮小されるものと考えます。仮に第三者へ譲渡予定の子法人がある場合には、譲渡時期を前倒ししてグループ通算制度開始前に譲渡するか、譲渡してからグループ通算制度を開始すれば、改正によるマイナスの影響は最小限に抑えられるからです。

(b) グループ通算制度加入時

グループ通算制度に加入する子法人が、加入時において以下のいずれにも該当しない場合には、時価評価及び繰越欠損金の切捨て対象になります（新法法57⑥、64の12①)。a 及び b は連結納税制度と同じであり、c 及び d の子法人が新たに加わることになるため、加入時の時価評価及び繰越欠損金切捨て対象の子法人の範囲が縮小することになります。

a　通算グループ内で設立された子法人

b　適格株式交換等により加入した完全子法人

c　加入直前に親法人との間に支配関係がある場合は、親法人との間の完全支配関係の継続見込みがあり、かつ、組織再編税制の適格判定における「50％超グループ内再編の適格要件」に類似する要件を満たす子法人

d　加入直前に親法人との間に支配関係がない場合は、親法人との間の完全支配関係の継続見込みがあり、かつ、通算グループ内のいずれかの法人との間で組織再編税制の適格判定における「共同事業要件」に類似する要件を満たす子法人

時価評価及び繰越欠損金切捨て対象となる法人の比較

【連結納税制度】

以下に該当しない場合は、時価評価及び繰越欠損金切捨て対象となる

	親法人	子法人
連結納税制度開始時	無条件に 時価評価なし 欠損金切捨てなし	①親法人に長期（５年超）、直接・間接に100％保有されている子法人
		②グループ内で設立された子法人
		③適格株式交換等による完全子法人　など
連結納税制度加入時	－	①連結納税グループ内で設立された子法人
		②適格株式交換等により加入した完全子法人　など

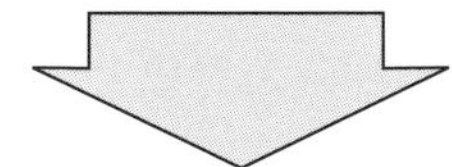

【グループ通算制度】

以下に該当しない場合は、時価評価及び繰越欠損金切捨て対象となる

	親法人		子法人		
グループ通算制度開始時	いずれかの子法人との間に完全支配関係の継続が見込まれる親法人	☹	親法人との間に完全支配関係の継続が見込まれる子法人		☺ ☹
グループ通算制度加入時	－		①通算グループ内で設立された子法人		変更なし
			②適格株式交換等により加入した完全子法人		変更なし
			③加入直前に支配関係がある場合は、右の要件の全てを満たす子法人	a．親法人との間の完全支配関係の継続要件 b．その子法人の従業者継続要件 c．その子法人の主要事業継続要件	☺
			④加入直前に支配関係がない場合は、右の要件の全てを満たす子法人	a．親法人との間の完全支配関係の継続要件 b．その子法人の従業者継続要件 c．その子法人の主要事業継続要件 d．その子法人の主要な事業と通算グループ内のいずれかの法人の事業との事業関連性要件 e．上記dの各事業の事業規模比５倍以内要件又はその子法人の特定役員継続要件	☺

☺＝法人にとってプラス方向の改正　　☹＝法人にとってマイナス方向の改正

（注）切捨て対象とならなかった場合でも、一定の要件を満たさないときに繰越欠損金の一部（支配関係発生前に生じた繰越欠損金等）を切り捨てる制度が別途設けられます（P73参照）

3 時価評価の対象となる資産

Point

- 連結納税制度では、時価評価対象法人において保有する資産の時価評価を行います。
- グループ通算制度では、時価評価対象法人において保有する資産の時価評価を行うことに加え、時価評価対象法人株式を保有する株主法人においても、その株式を時価評価する制度が導入されます。

連結納税制度

連結納税制度において時価評価の対象となる資産は、固定資産、土地等、金銭債権、有価証券（売買目的有価証券等を除く）及び繰延資産とされています。ただし、金額的に重要性の乏しい資産は時価評価対象資産から除かれています（法法61の11、61の12、法令122の12①）。

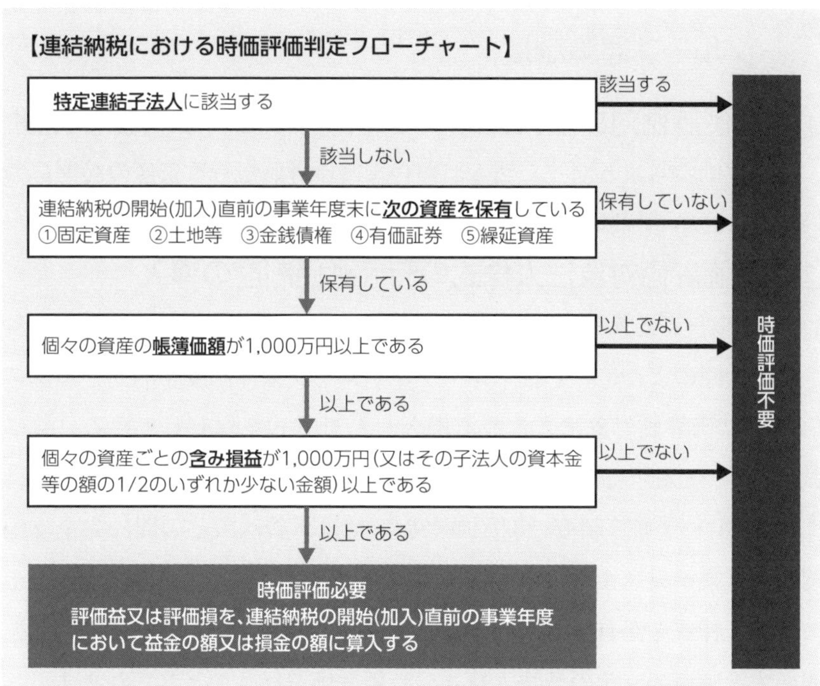
【連結納税における時価評価判定フローチャート】
特定連結子法人に該当する
該当する
該当しない
連結納税の開始(加入)直前の事業年度末に次の資産を保有している
①固定資産　②土地等　③金銭債権　④有価証券　⑤繰延資産
保有していない
保有している
個々の資産の帳簿価額が1,000万円以上である
以上でない
以上である
個々の資産ごとの含み損益が1,000万円(又はその子法人の資本金等の額の1/2のいずれか少ない金額)以上である
以上でない
以上である
時価評価必要
評価益又は評価損を、連結納税の開始(加入)直前の事業年度において益金の額又は損金の額に算入する
時価評価不要

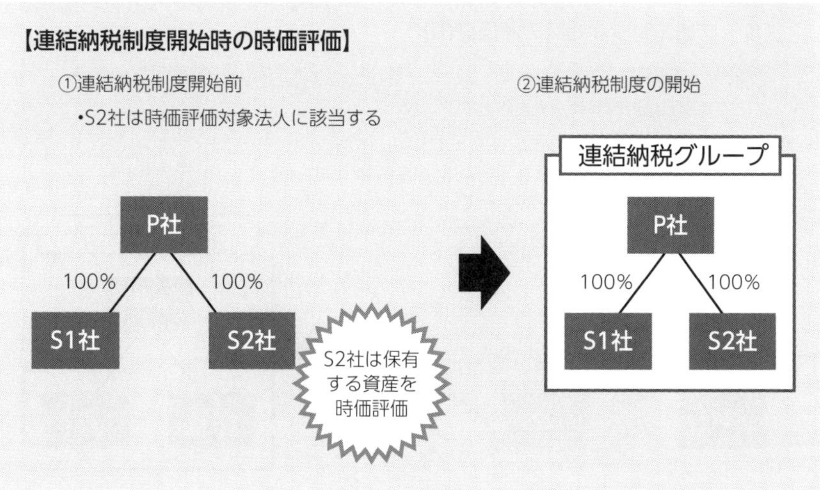
【連結納税制度開始時の時価評価】
①連結納税制度開始前
•S2社は時価評価対象法人に該当する
P社
100%
100%
S1社
S2社
S2社は保有する資産を時価評価
②連結納税制度の開始
連結納税グループ
P社
100%
100%
S1社
S2社

グループ通算制度

①　時価評価対象法人において時価評価を行う資産の範囲

時価評価の対象となった法人において時価評価を行う資産の範囲については、連結納税制度から変更はありません（新法法64の11①）。

②　時価評価対象法人株式の時価評価制度の導入

（a）グループ通算制度開始時

下記の図のように、Ｐ社グループがグループ通算制度を開始する際にS2社が時価評価対象法人となる場合、S2社株式を保有しているＰ社においても、S2社株式の時価評価を行うこととされます（新法法64の11②）。グループ通算制度の開始時においては、親法人との間に完全支配関係の継続が見込まれない子法人が時価評価対象法人になりますが、その子法人株式を保有している株主法人においても、グループ通算制度を開始する時点で、その子法人株式の時価評価を行うこととされます。

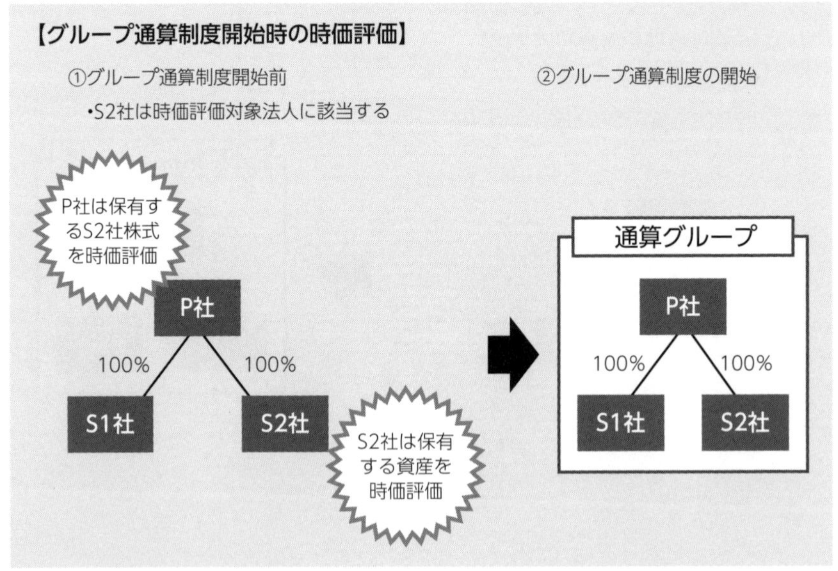
【グループ通算制度開始時の時価評価】
①グループ通算制度開始前
•S2社は時価評価対象法人に該当する
P社は保有するS2社株式を時価評価
P社
100%
100%
S1社
S2社
S2社は保有する資産を時価評価
②グループ通算制度の開始
通算グループ
P社
100%
100%
S1社
S2社

（b）グループ通算制度加入時

既にグループ通算制度を適用している企業グループに子法人が加入する場合も、その子法人が時価評価対象法人であり、親法人との間の完全支配関係の継続が見込まれないときは、株主法人においてその子法人株式を時価評価することとされます（新法法64の12②）。

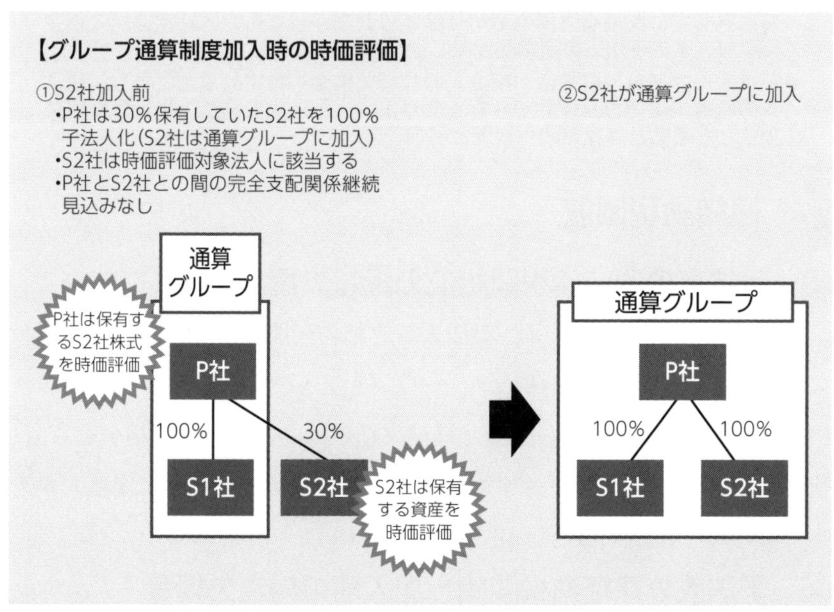
【グループ通算制度加入時の時価評価】
①S2社加入前
•P社は30%保有していたS2社を100%子法人化（S2社は通算グループに加入）
•S2社は時価評価対象法人に該当する
•P社とS2社との間の完全支配関係継続見込みなし
通算グループ
P社は保有するS2社株式を時価評価
P社
100%
30%
S1社
S2社
S2社は保有する資産を時価評価
②S2社が通算グループに加入
通算グループ
P社
100%
100%
S1社
S2社

4　切り捨てられなかった繰越欠損金の取扱い

Point

- 連結納税制度では、親法人が制度開始時に有していた繰越欠損金は非特定連結欠損金となり、グループ全体で使用できます。子法人が開始・加入時に有していた繰越欠損金で切り捨てられなかったものは特定連結欠損金になり、その子法人の所得限度でしか控除できません。
- グループ通算制度では、親法人の繰越欠損金も特定欠損金となり、親法人の所得限度でしか控除できなくなります。子法人の繰越欠損金が特定欠損金となることは連結納税制度と同様です。

連結納税制度

①　親法人の連結納税開始前の繰越欠損金

連結納税制度においては、親法人が連結納税開始時に有していた繰越欠損金は無条件に連結納税グループに持ち込むことができます（法法81の９②）。親法人が持ち込んだ繰越欠損金は非特定連結欠損金となり、連結納税グループ全体でプラスの所得が生じるのであれば、親法人が赤字であっても使用することができます。

②　子法人の連結納税開始・加入前の繰越欠損金

特定連結子法人が連結納税開始時又は加入時に有していた繰越欠損金は連結納税に持ち込むことができますが、持ち込んだ繰越欠損金は特定連結欠損金となり、その後の連結事業年度では持ち込んだ子法人の所得限度でしか控除できません（法法81の９①③）。

グループ通算制度

①　親法人の繰越欠損金の取扱いの変更

連結納税制度とグループ通算制度とでは、親法人の開始前の繰越欠損金の取扱いに大きな違いがあります。グループ通算制度においては親法人の繰越欠損金も、その後の事業年度では親法人の所得限度でしか控除できなくなります（新法法64の７①）。

グループ通算制度では、その法人の所得限度でしか控除できない繰越欠損金のことを「特定欠損金」といいます（新法法64の７②一）。

②　子法人の繰越欠損金の取扱い

連結納税制度と同様に、子法人がグループ通算制度開始時又は加入時に有していた繰越欠損金は、特定欠損金として取り扱われます（新法法64の７②一）。

③　連結納税制度からグループ通算制度への移行に伴う措置

現行の連結納税制度を適用している法人の特定連結欠損金個別帰属額及び非特定連結欠損金個別帰属額は、グループ通算制度への移行に伴い、それぞれ次のように取り扱われます。

- 連結納税制度における特定連結欠損金個別帰属額は、グループ通算制度における特定欠損金（その法人の所得限度で控除できる欠損金）とみなされます（新法法改正附則28③）。
- 連結納税制度における非特定連結欠損金個別帰属額は、グループ通算制度における非特定欠損金（グループ全体で使用できる欠損金）とみなされます。

すなわち、現行制度のうちに連結納税制度を開始すれば、親法人の繰越欠損金は非特定連結欠損金となるため、グループ通算制度移行後もグループ全体で使用できる欠損金として取り扱われます。制度採用を検討している企業グループは、時価評価及び繰越欠損金の切捨て対象子法人の範囲に関する改正（Ｐ60参照）とあわせ、制度導入の時期についても慎重に検討する必要があるでしょう。

切り捨てられなかった欠損金の取扱いの比較（非特定or特定）

【連結納税制度】

	親法人	子法人
連結納税制度開始時	連結納税グループ全体で使用可（非特定連結欠損金）	その子法人の所得限度で控除可（特定連結欠損金）
連結納税制度加入時	－	その子法人の所得限度で控除可（特定連結欠損金）

【グループ通算制度】

	親法人		子法人	
グループ通算制度開始時	親法人の所得限度で控除可（特定欠損金）	☹	その子法人の所得限度で控除可（特定欠損金）	変更なし
グループ通算制度加入時	－		その子法人の所得限度で控除可（特定欠損金）	変更なし

☹＝法人にとってマイナス方向の改正

連結納税制度からグループ通算制度への移行に伴う措置

□連結納税制度における特定連結欠損金個別帰属額は、グループ通算制度における特定欠損金（その法人の所得限度で控除できる欠損金）とみなされます。

□連結納税制度における非特定連結欠損金個別帰属額は、グループ通算制度における非特定欠損金（グループ全体で使用できる欠損金）とみなされます。

5 欠損金等に関するその他の制限措置

Point

- 連結納税制度では、制度開始後にグループ内で生じた欠損金は非特定連結欠損金としてグループ全体で使用することができます。
- グループ通算制度では、時価評価対象となる法人の範囲が縮小することから、制度開始後に含み損を実現したことに基因する欠損金のグループ内通算を制限する等、様々な制限措置が講じられます。

連結納税制度

連結納税開始後にグループ内で生じた欠損金は、非特定連結欠損金となり、グループ内のどの法人の赤字に基因する欠損金であるか、また、欠損金の発生要因にかかわらず、グループ全体で使用することができます（法法81の９①）。

また、連結親法人や特定連結子法人が連結納税グループ内に持ち込んだ繰越欠損金が、繰越期限到来前に何等かの事由が生じたことをもって切り捨てられることは、原則としてありません。

グループ通算制度

①　繰越欠損金及び含み損の実現に対する制限措置の概要

（a）概要

組織再編税制においては、支配関係のある法人間で適格合併を行った場合、その合併が次のいずれにも該当しないときは、繰越欠損金の一部（支配関係発生前に生じた欠損金、及び、支配関係発生以後に生じた欠損金で支配関係発生前から有する含み損資産の実現損からなる部分）を切り捨てる制度、及び、合併後の一定期間は支配関係発生前から有する含み損資産の実現損について損金算入を認めないこととする制度（特定資産譲渡等損失の損金算入制限）があります。

> ◆支配関係発生から５年経過後の合併
> ◆設立時から支配関係がある法人間の合併
> ◆みなし共同事業要件を満たす合併

グループ通算制度では、この組織再編税制の考え方が採り入れられます。すなわち、**時価評価対象にならなかった法人が、**５年超の支配関係があること、設立以来支配関係があること、共同事業性があることのいずれにも該当しない場合には、含み損の使用を制限するなどの措置が講じられます（後述②参照）。

（b）支配関係と共同事業性の判定

制限措置の制度詳細は今後明らかになっていくものと思われますが、非常に複雑な制度になることが予想されます。ただし、５年超の支配関係、設立以来の支配関係、共同事業性のいずれかを満たせば一切制限を受けないことになるため、実務上は、この判定が極めて重要になります。

通算グループ内のどの法人を相手として支配関係や共同事業性の判定を行うのかについてまとめると、次の通りです。

【支配関係と共同事業性の判定相手】

親法人		子法人	
５年超の支配関係	いずれかの子法人との間の支配関係・共同事業性で満たせばOK	５年超の支配関係	親法人との間の支配関係で判定
設立以来の支配関係		設立以来の支配関係	
共同事業性※		共同事業性※	グループ内のいずれかの法人との共同事業性で満たせばOK

※共同事業性の要件詳細についてはＰ78参照

親法人については、いずれかの子法人との間の支配関係・共同事業性で判定が可能であること、子法人についても共同事業性はグループ内のいずれかの法人で判定が可能であることを考えると、組織再編税制よりも要件がかなり緩和されている印象です。

②　制限措置

（a）新たな事業を開始した場合の制限措置

親法人との間（親法人にあっては通算グループ内のいずれかの子法人との間）の支配関係発生日以後に新たな事業を開始した場合には、グループ通算制度開始又は加入時点の繰越欠損金の一部（支配関係発生前に生じた欠損金、及び、支配関係発生以後に生じた欠損金で支配関係発生前から有する含み損資産の実現損からなる部分）を切り捨てることとされます（新法法57⑧）。また、グループ通算制度開始又は加入後の一定期間は、支配関係発生前から有する含み損資産の実現損は損金不算入とされます（新法法64の14①）。

組織再編税制では、５年超の支配関係、設立以来の支配関係、共同事業要件のいずれにも該当しない場合に繰越欠損金の一部切捨てや含み損の損金算入制限が課されます。一方、グループ通算制度では、これらのいずれにも該当しない法人が「新たな事業を開始」したことをトリガーとして、繰越欠損金の一部切捨てや含み損の損金算入制限が課されることになります。

P60で解説した時価評価及び繰越欠損金切捨て対象となる法人に該当しない場合であっても、５年超の支配関係があること、設立以来支配関係があること、共同事業性があることのいずれにも該当しないときは、新たな事業の開始の有無により、この制限措置の対象となって繰越欠損金の一部が切り捨てられる可能性があることに注意が必要です。どのような種類・規模の事業が「新たな事業」に該当するのかなどの制度詳細については、今後通達やQ&A等で明らかにされることが望まれます。

【新たな事業を開始したことによる繰越欠損金・含み損の制限措置】

- S2 社は時価評価対象法人に該当しない
- S2 社は、5 年超の支配関係、設立以来の支配関係、共同事業性のいずれも満たさない

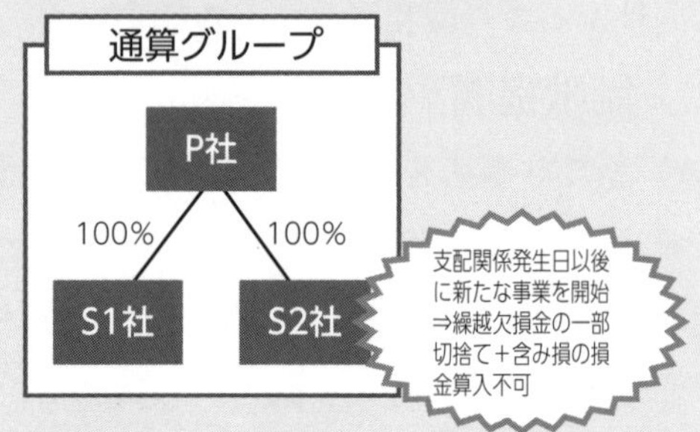
通算グループ
P社
100%
100%
S1社
S2社
支配関係発生日以後に新たな事業を開始
⇒繰越欠損金の一部切捨て＋含み損の損金算入不可

◆繰越欠損金の切捨て

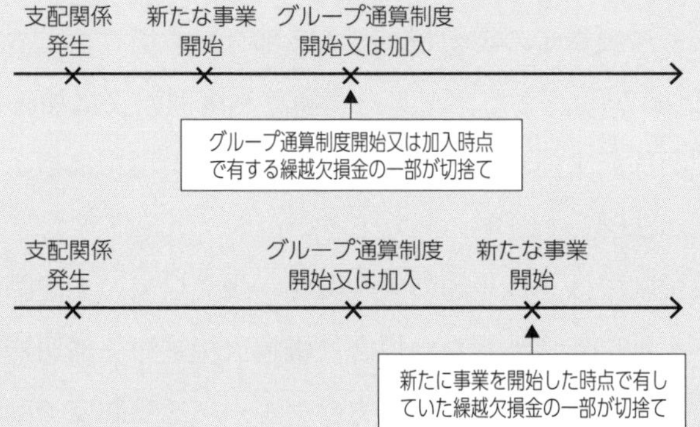
支配関係発生
新たな事業開始
グループ通算制度開始又は加入
グループ通算制度開始又は加入時点で有する繰越欠損金の一部が切捨て
支配関係発生
グループ通算制度開始又は加入
新たな事業開始
新たに事業を開始した時点で有していた繰越欠損金の一部が切捨て

◆含み損の損金算入制限期間

グループ通算制度開始又は加入日と新たな事業を開始した事業年度開始日のいずれか遅い日から、次のいずれか早い日まで
- 支配関係発生日から 5 年経過日
- グループ通算制度開始又は加入から 3 年経過日

（b）減価償却により構造的に生じる損失の制限措置

グループ通算制度開始又は加入後の一定期間において、原価及び費用の額の合計額のうちに占める損金算入される減価償却費の額の割合が30％を超える事業年度がある場合には、その事業年度において生じた欠損金について損益通算の対象外とした上で特定欠損金として取り扱うこととされます（新法法64の６③、64の７②三）。

これは、減価償却費の計上により構造的に発生する損失は、グループ内での通算を認めないこととする措置です。

【減価償却費の計上による欠損金の制限措置】

- S2 社は時価評価対象法人に該当しない
- S2 社は、５年超の支配関係、設立以来の支配関係、共同事業性のいずれも満たさない

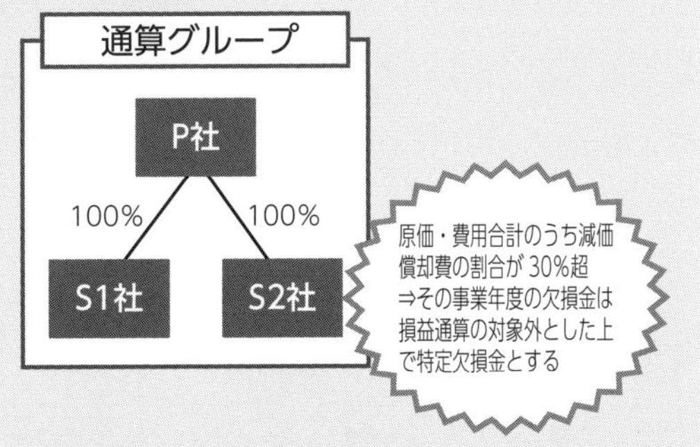
通算グループ
P社
100%
100%
S1社
S2社
原価・費用合計のうち減価償却費の割合が 30%超
⇒その事業年度の欠損金は損益通算の対象外とした上で特定欠損金とする

制限期間：次のいずれか早い日が属する事業年度まで
・支配関係発生日から５年経過日
・グループ通算制度開始又は加入から３年経過日

（c）含み損の実現に対する制限措置

グループ通算制度開始又は加入後の一定期間中に、支配関係発生前から有する含み損資産を譲渡等してその含み損が実現した場合、それにより生じた欠損金は、損益通算の対象外とした上で特定欠損金として取り扱うこととされます（新法法64の６①、64の７②三）。

５年超の支配関係があること、設立以来支配関係があること、共同事業性があることのいずれにも該当しない場合で、新たな事業を開始したときは、（a）の制限措置により、グループ通算制度開始又は加入後の一定期間、支配関係発生前から有する含み損資産の実現損は損金不算入とされます。一方、この（c）の制限措置は、含み損は実現したものの、新たな事業の開始はしていない場合に課される措置です。この制限措置により含み損の実現による損失が損金不算入になるわけではありませんが、含み損の実現により欠損金が生じたとしてもグループ内で通算はできません。その欠損金は特定欠損金として、含み損を実現させた法人限定で使用を認めるという措置です。

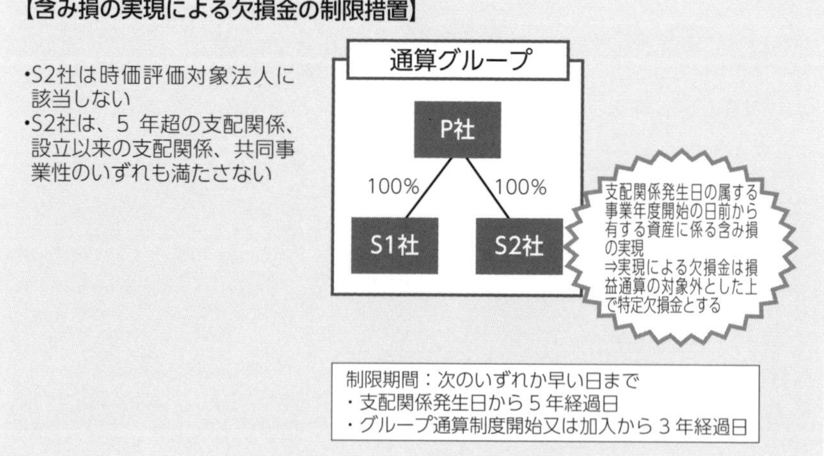

欠損金等に関するその他の制限措置の比較

【連結納税制度】

<table>
<tr><th>親法人</th><th>子法人</th></tr>
<tr><td colspan="2">・連結納税制度開始・加入後に生じた欠損金は、発生要因にかかわらず、非特定連結欠損金としてグループ全体で使用可。
・連結納税グループ内に持ち込んだ繰越欠損金が、繰越期限到来前に何等かの事由が生じたことをもって切り捨てられることは、原則としてない。</td></tr>
</table>

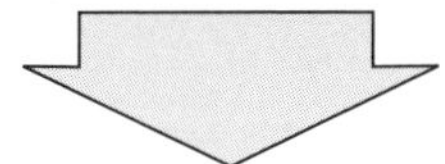

【グループ通算制度】

<table>
<tr><th>親法人</th><th>子法人</th></tr>
<tr><td colspan="2"><u>時価評価対象にならなかった法人が</u>以下に該当する場合は、繰越欠損金や含み損に関する制限措置の対象となる

①　支配関係発生日※以後に新たな事業を開始
　　⇒繰越欠損金の一部切捨て＋含み損の損金算入不可

②　原価・費用合計のうち減価償却費の割合が30％超
　　⇒その事業年度の欠損金は損益通算の対象外とした上で特定欠損金とする

③　支配関係発生日※の属する事業年度開始の日前から有する資産に係る含み損の実現損
　　⇒実現による欠損金は損益通算の対象外とした上で特定欠損金とする

　　※支配関係発生日とは
　　　親法人：いずれかの子法人との間の支配関係発生日　子法人：親法人との間の支配関係発生日</td></tr>
</table>

＝法人にとってマイナス方向の改正

※制限措置の対象外となる場合

<table>
<tr><th colspan="2">親法人</th><th colspan="2">子法人</th></tr>
<tr><td rowspan="3">グループ通算制度開始時において右のいずれかに該当する場合は制限措置の対象外</td><td>いずれかの子法人との間に支配関係が５年超継続している</td><td rowspan="3">グループ通算制度開始・加入時において右のいずれかに該当する場合は制限措置の対象外</td><td>親法人との間に支配関係が５年超継続している</td></tr>
<tr><td>いずれかの子法人との間に設立以来支配関係が継続している</td><td>親法人との間に設立以来支配関係が継続している</td></tr>
<tr><td>いずれかの子法人との間に共同事業性がある（注）</td><td>グループ内のいずれかの法人との間に共同事業性がある（注）</td></tr>
</table>

（注）共同事業性については、次頁参照

(注)「共同事業性がある」とは

親法人			子法人	
制度開始・加入前に**支配関係がある**場合	制度開始の直前にいずれかの子法人との間に支配関係がある場合で、右の要件の全てを満たすとき	a．親法人の主要な事業と通算グループ内のいずれかの子法人の事業との事業関連性要件 b．上記aの各事業の事業規模比5倍以内要件又は親法人の特定役員継続要件 c．親法人の上記aの主要な事業の事業規模拡大2倍以内要件又は特定役員継続要件	制度開始又は加入の直前に親法人との間に支配関係がある場合で、右の要件の全てを満たすとき	a．その子法人の主要な事業と通算グループ内のいずれかの法人の事業との事業関連性要件 b．上記aの各事業の事業規模比5倍以内要件又はその子法人の特定役員継続要件 c．その子法人の上記aの主要な事業の事業規模拡大2倍以内要件又は特定役員継続要件
制度加入前に**支配関係がない**場合	－	－	制度加入直前に親法人との間に支配関係がない場合で、右の要件の全てを満たすとき	a．親法人との間の完全支配関係の継続要件 b．その子法人の従業者継続要件 c．その子法人の主要事業継続要件 d．その子法人の主要な事業と通算グループ内のいずれかの法人の事業との事業関連性要件 e．上記dの各事業の事業規模比5倍以内要件又はその子法人の特定役員継続要件
非適格株式交換等により加入した株式交換等完全子法人の場合	－	－	共同で事業を行うための適格株式交換等の要件のうち対価要件以外の要件に該当するとき	

6 時価評価と繰越欠損金の切捨てに関する制度のまとめ

【グループ通算制度】

◆以下に該当しない場合は、時価評価及び繰越欠損金切捨て対象となる

	親法人	子法人
グループ通算制度開始時	いずれかの子法人との間に完全支配関係の継続が見込まれる親法人	親法人との間に完全支配関係の継続が見込まれる子法人
グループ通算制度加入時		①通算グループ内で設立された子法人
		②適格株式交換等により加入した完全子法人
		③加入直前に親法人との間に支配関係がある場合は、親法人との間の完全支配関係の継続見込みがあり、かつ、組織再編税制の適格判定における「50％超グループ内再編の適格要件」に類似する要件を満たす子法人
		④加入直前に親法人との間に支配関係がない場合は、親法人との間の完全支配関係の継続見込みがあり、かつ、通算グループ内のいずれかの法人との間で組織再編税制の適格判定における「共同事業要件」に類似する要件を満たす子法人

この改正によるマイナスの影響は実務上ほとんどないと思われる

改正前より③と④が増えるため時価評価・繰越欠損金切捨て対象子法人が減少

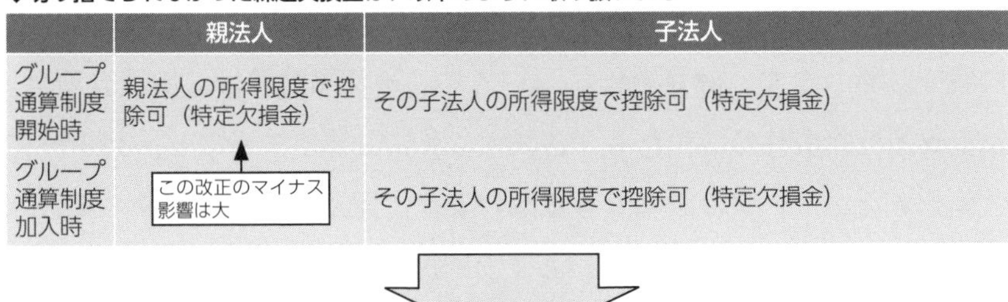

◆切り捨てられなかった繰越欠損金は、以下のように取り扱われる

	親法人	子法人
グループ通算制度開始時	親法人の所得限度で控除可（特定欠損金）	その子法人の所得限度で控除可（特定欠損金）
グループ通算制度加入時		その子法人の所得限度で控除可（特定欠損金）

この改正のマイナス影響は大

◆含み損・欠損金に関してはその他諸々の制限措置があるが、以下を満たせば一切制限を受けない

親法人		子法人	
グループ通算制度開始時において右のいずれかに該当する場合は制限措置の対象外	いずれかの子法人との間に支配関係が５年超継続している	グループ通算制度開始・加入時において右のいずれかに該当する場合は制限措置の対象外	親法人との間に支配関係が５年超継続している
	いずれかの子法人との間に設立以来支配関係が継続している		親法人との間に設立以来支配関係が継続している
	いずれかの子法人との間に共同事業性がある		グループ内のいずれかの法人との間に共同事業性がある

これらのいずれかに該当することが実務上は肝要

10 全体計算項目

1 概要

Point

- 連結納税制度では、グループ全体をあたかも一つの法人であるかのように捉えて判定・計算する全体計算項目が設けられています。
- グループ通算制度では、全体計算項目のうち一部を除くほとんどが各法人で計算する個別計算に移行されますが、外国税額控除や試験研究費の税額控除は、企業グループ側のメリットを考慮し引き続き全体計算項目とされます。

連結納税制度

連結納税制度では、グループを一体として連結所得金額及び連結法人税額を計算します。計算過程においては、税務調整項目（加減算項目）及び税額控除項目のいずれも、各法人ごとに計算するものと、グループ全体をあたかも一つの法人であるかのように捉えて判定・計算するもの（以下、「全体計算項目」といいます。）が定められています。グループ全体で計算した金額は一定の方法により各社に個別帰属額として配分します。

この全体計算項目が設けられているゆえに、グループ内の一社のミスがグループ全体の連結法人税額及び全社の税負担額に影響を及ぼす計算構造になっており、結果として連結納税制度を採用することによる企業グループ側の事務負担が過重になっていると指摘されていました。

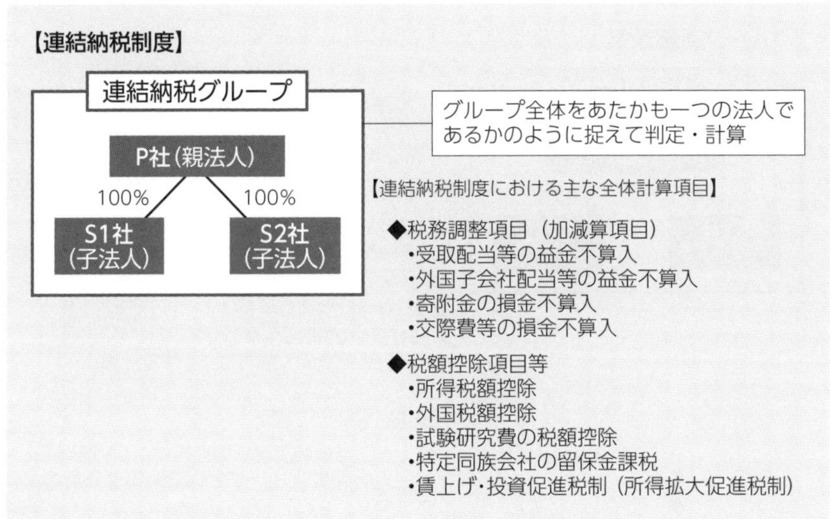

【連結納税制度】
連結納税グループ
P社（親法人）
100%
100%
S1社（子法人）
S2社（子法人）
グループ全体をあたかも一つの法人であるかのように捉えて判定・計算
【連結納税制度における主な全体計算項目】
◆税務調整項目（加減算項目）
・受取配当等の益金不算入
・外国子会社配当等の益金不算入
・寄附金の損金不算入
・交際費等の損金不算入
◆税額控除項目等
・所得税額控除
・外国税額控除
・試験研究費の税額控除
・特定同族会社の留保金課税
・賃上げ・投資促進税制（所得拡大促進税制）

グループ通算制度

制度を採用する企業の事務負担を軽減する観点から、全体計算項目を減らし、計算構造を簡素化する改正が行われます。

①　個別計算への移行

連結納税制度における全体計算項目のうち、一部を除くほとんどが各法人による個別計算に移行されます。移行されたものについては、改正後は各法人それぞれで加減算額又は税額控除額を計算することになります。

あわせて単体納税制度における各制度の見直しが行われ、グループ通算制度選択の有無にかかわらず、完全支配関係グループ全体で判定を行うこととする改正や、制度の簡素化を目的とした改正が行われます。

②　全体計算項目として残るもの

制度を採用する企業グループ側にメリットが大きい外国税額控除や試験研究費の税額控除は、引き続きグループ全体で計算を行います。

【グループ通算制度】

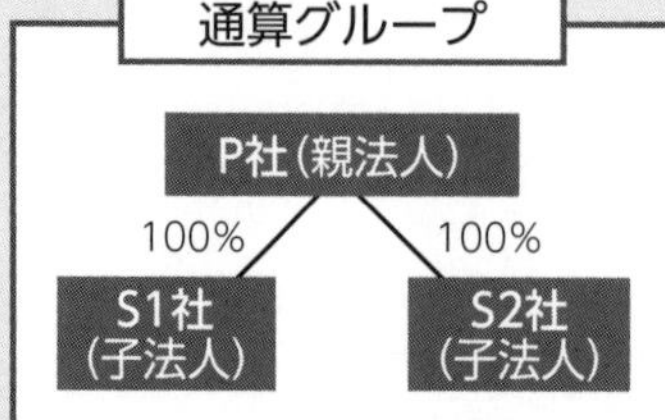

全体計算項目のうち、一部を除くほとんどが個別計算に移行

【グループ通算制度における主な全体計算項目】

◆税務調整項目（加減算項目）
・受取配当等の益金不算入（全体で判定）
・外国子会社配当等の益金不算入（全体で判定）

◆税額控除項目
・外国税額控除（全体で計算）
・試験研究費の税額控除（全体で計算）

<u>単体納税制度の改正</u>

グループ通算制度選択の有無にかかわらず、完全支配関係グループ全体で判定する等の改正あり

2　受取配当等の益金不算入

Point

- 連結納税制度では、受取配当等の益金不算入額はグループ全体で判定・計算を行います。
- グループ通算制度では、関連法人株式等・非支配目的株式等の判定方法が改正されます。控除負債利子の計算方法が簡素化されます。
- 単体納税制度においても、関連法人株式等・非支配目的株式等の判定方法が改正されます。控除負債利子の計算方法が簡素化されます。

連結納税制度

連結納税制度では、受取配当等の益金不算入額は連結納税グループ全体をあたかも一つの法人であるかのように捉えて判定及び計算を行います（法法81の４①）。グループ全体で計算した益金不算入額は、株式等の区分ごとに、受取配当金の比で各社に配分します（法令155の11）。

【連結納税制度】

連結納税制度における受取配当等の益金不算入額計算の特徴

■関連法人株式等・非支配目的株式等の保有割合判定や短期保有株式等の判定は、連結納税グループ全体で行う
■連結納税グループ全体で益金不算入額計算を行う
【控除負債利子計算上の留意点】
・グループ全社分の総資産帳簿価額・期末関連法人株式等の帳簿価額・負債利子の金額を集計する
・負債利子には、連結納税グループ内の法人に支払う負債利子を含めない
・総資産帳簿価額の計算上、連結納税グループ内の法人に支払う負債利子の元本である負債を控除する
・連結納税では、控除負債利子計算上の簡便法は採用不可

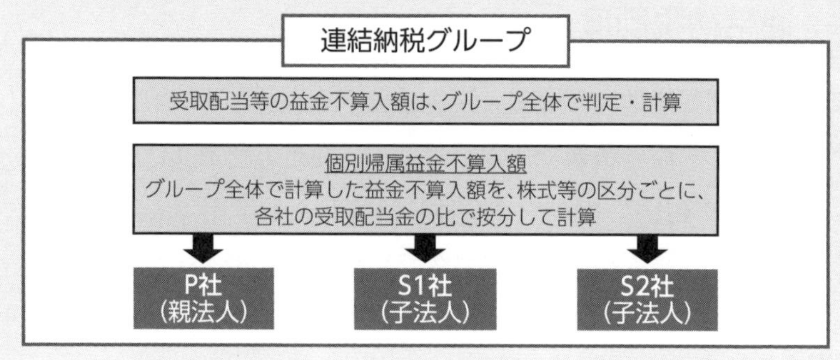
連結納税グループ
受取配当等の益金不算入額は、グループ全体で判定・計算
個別帰属益金不算入額
グループ全体で計算した益金不算入額を、株式等の区分ごとに、
各社の受取配当金の比で按分して計算
P社
(親法人)
S1社
(子法人)
S2社
(子法人)

グループ通算制度

①　保有割合等の判定

グループ通算制度では、関連法人株式等及び非支配目的株式等の保有割合の判定を、完全支配関係グループ全体の保有割合（通算グループ全体の保有割合ではありません）で判定することとされます（新法法23④⑥）。これにより、持株割合が増加して益金不算入額が増加することが考えられます。なお、短期保有株式等の判定は各法人で行うこととされます。

②　控除負債利子の計算方法

控除負債利子の計算方法が簡素化され、関連法人株式等に係る配当等の額の４％相当額（その事業年度において支払う負債利子の額の10％を限度）を概算控除することとされます。これにより、従来必要であった総資産帳簿価額等の計算が不要となり、事務負担が軽減されます。控除負債利子の計算方法の詳細はまだ判明していませんが、通算グループ全体で計算することも検討されているようです（週刊税務通信2020年２月10日号）。通算グループ内の法人に支払う負債利子は計算に含めるか否か等、詳細は今後公表される法人税法施行令等で規定されます。

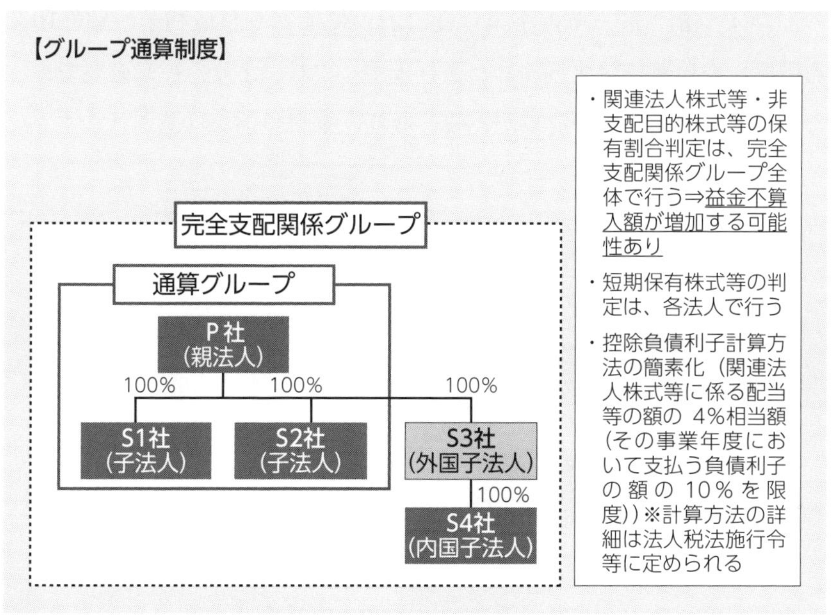
【グループ通算制度】
完全支配関係グループ
通算グループ
P社
（親法人）
100%
100%
100%
S1社
（子法人）
S2社
（子法人）
S3社
（外国子法人）
100%
S4社
（内国子法人）
・関連法人株式等・非支配目的株式等の保有割合判定は、完全支配関係グループ全体で行う⇒益金不算入額が増加する可能性あり
・短期保有株式等の判定は、各法人で行う
・控除負債利子計算方法の簡素化（関連法人株式等に係る配当等の額の４%相当額（その事業年度において支払う負債利子の額の10%を限度））※計算方法の詳細は法人税法施行令等に定められる

単体納税制度

受取配当等の益金不算入制度は、単体納税制度においても改正が行われます。

①　保有割合の判定

単体納税制度においても、グループ通算制度と平仄を合わせ課税の公平を図る観点から、関連法人株式等及び非支配目的株式等の保有割合の判定を、完全支配関係グループ全体の保有割合で判定することとされます（新法法23④⑥）。現行制度上は、配当等を受領した法人単独の保有割合で判定を行っているため、改正により持株割合が増加して益金不算入額が増加することが考えられます。

②　控除負債利子の計算方法

控除負債利子の計算方法が簡素化され、関連法人株式等に係る配当等の額の４％相当額（その事業年度において支払う負債利子の額の10％を限度）を概算控除することとされます。これにより、従来必要であった総資産帳簿価額等の計算が不要となり、事務負担が軽減されます。

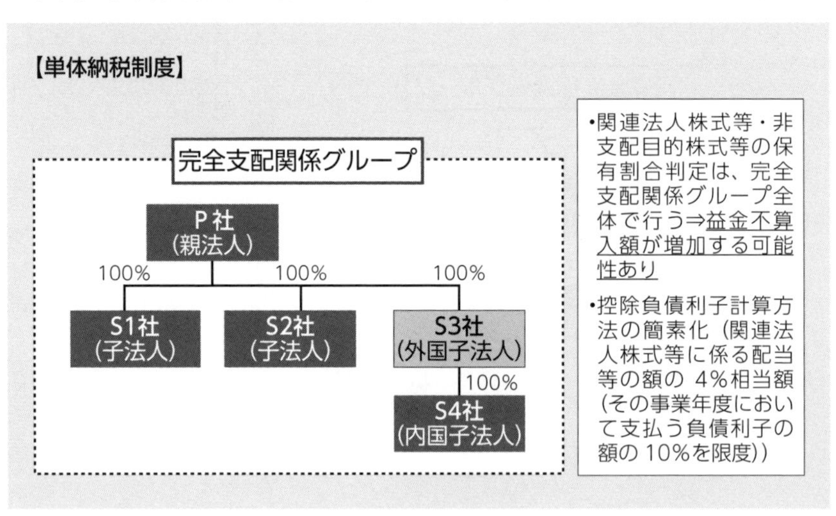
【単体納税制度】
完全支配関係グループ
P社
(親法人)
100%
100%
100%
S1社
(子法人)
S2社
(子法人)
S3社
(外国子法人)
100%
S4社
(内国子法人)
•関連法人株式等・非支配目的株式等の保有割合判定は、完全支配関係グループ全体で行う⇒益金不算入額が増加する可能性あり
•控除負債利子計算方法の簡素化（関連法人株式等に係る配当等の額の 4%相当額（その事業年度において支払う負債利子の額の 10%を限度））

3　外国子会社配当等の益金不算入

Point

- 連結納税制度では、適用対象となる外国子会社に該当するかどうかは連結納税グループ全体の保有状況で判定を行います。
- グループ通算制度においても、連結納税制度と同様に通算グループ全体の保有状況で判定を行います。
- 単体納税制度の改正はありません。保有割合の判定は法人ごとに行います。

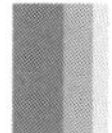

連結納税制度

外国子会社（保有割合が25%以上で保有期間が６ヶ月以上の外国法人）から受ける配当等の額の95％相当額は、益金の額に算入されません。

連結納税制度では、適用対象となる外国子会社に該当するかどうかは、連結納税グループ全体の保有状況で判定を行います（法法23の２、法令22の４①）。

【連結納税制度】

連結納税制度における外国子会社配当等の益金不算入額計算の特徴

■適用対象となる外国子会社※に該当するかどうかは、連結納税グループ全体の保有状況で判定
※発行済株式総数（又は議決権）の 25％以上を、配当等の支払義務確定日以前 6ヶ月以上継続保有している外国法人
■租税条約により株式保有割合が軽減されている場合の判定手順
例：日米租税条約の場合（要件：発行済株式の 10％以上、6ヶ月以上保有）
①連結納税グループ全体で、発行済株式総数（又は議決権）の 25％以上、6ヶ月以上保有しているかどうかで判定
②①を満たさない場合は、各法人単独で発行済株式の 10％以上、6ヶ月以上保有しているかどうかで判定

連結納税グループ

外国子会社の判定はグループ全体で行う

P社（親法人）　S1社（子法人）　S2社（子法人）

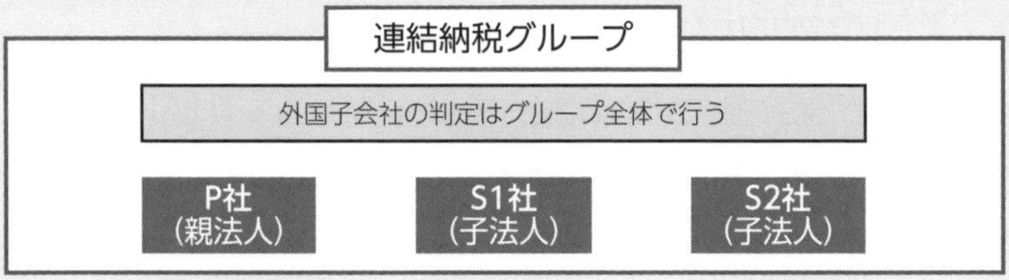

グループ通算制度

グループ通算制度においても、連結納税制度と同様の判定を行うこととされ、通算グループ全体の保有割合で判定を行います。

受取配当等の益金不算入制度においては、関連法人株式等・非支配目的株式等の判定は完全支配関係グループ全体の保有割合での判定に改正されますが、外国子会社配当等の益金不算入制度における外国子会社判定は、従来通り通算グループ全体での判定になります。

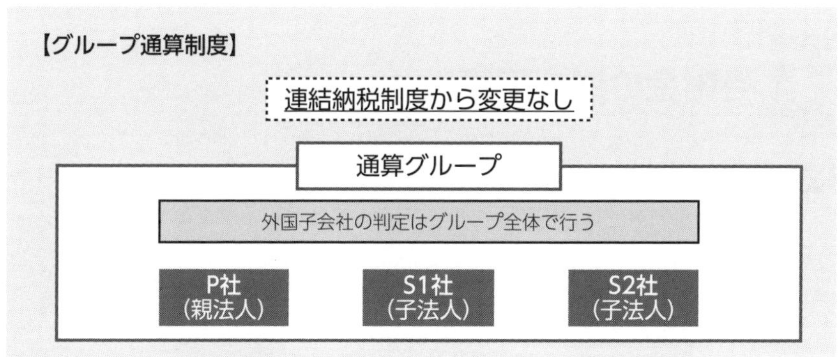

単体納税制度

単体納税制度における外国子会社配当等の益金不算入制度は、特に改正されていません。外国子会社の保有割合は法人ごとに判定を行います。

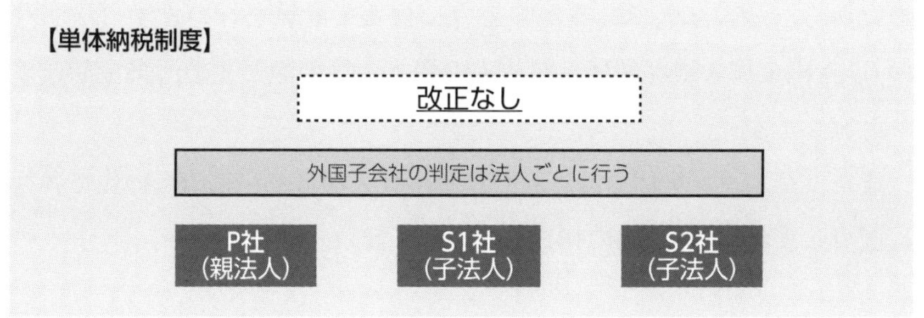

4 寄附金の損金不算入

Point

- 連結納税制度では、寄附金の損金不算入額はグループ全体で計算を行います。
- グループ通算制度では、寄附金の損金不算入額は各法人で計算することとされます。また、損金算入限度額計算の基礎とする資本金等の額が、資本金と資本準備金の合計額に改正されます。
- 単体納税制度においても、損金算入限度額計算の基礎とする資本金等の額が、資本金と資本準備金の合計額に改正されます。

連結納税制度

連結納税制度では、寄附金の損金不算入額は連結納税グループ全体をあたかも一つの法人であるかのように捉えて計算を行います（法法81の6）。損金算入限度額は、親法人の資本金等の額と連結所得金額により計算します。

また、グループ全体で計算した損金不算入額は支出寄附金の比で各社に配分します（法令155の16）。

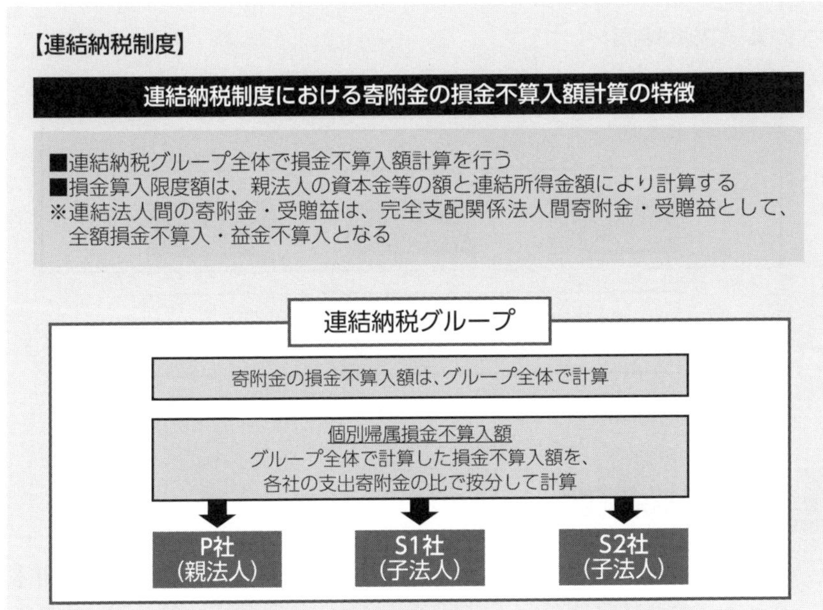

グループ通算制度

グループ通算制度では全体計算は廃止され、各法人において損金不算入額を計算することとされます（新法法37①）。

また、損金算入限度額の計算の基礎となる「資本金等の額」が、「資本金の額及び資本準備金の額の合計額」とされます（新法法37①）。資本金等の額が、過去に実施された自己株式の取得や組織再編等によって少なく又は多く計上されているケースが珍しくないことから、企業実態に即した損金算入限度額が算出されるよう配慮した改正と考えられます。

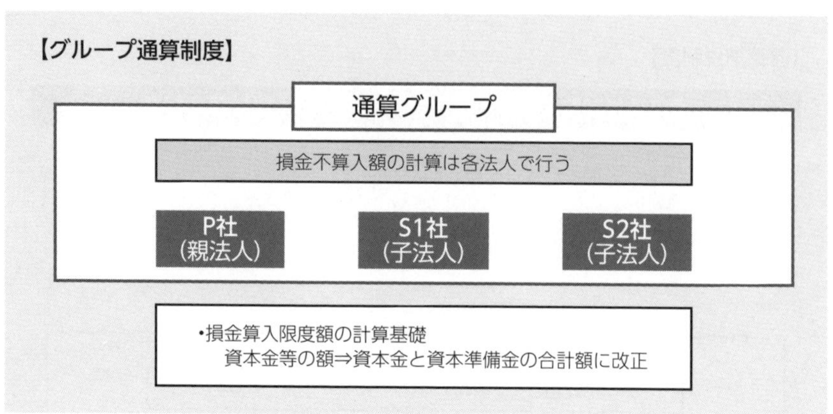

単体納税制度

単体納税制度においても、損金算入限度額の計算の基礎となる「資本金等の額」が、「資本金の額及び資本準備金の額の合計額」とされます(新法法37①)。

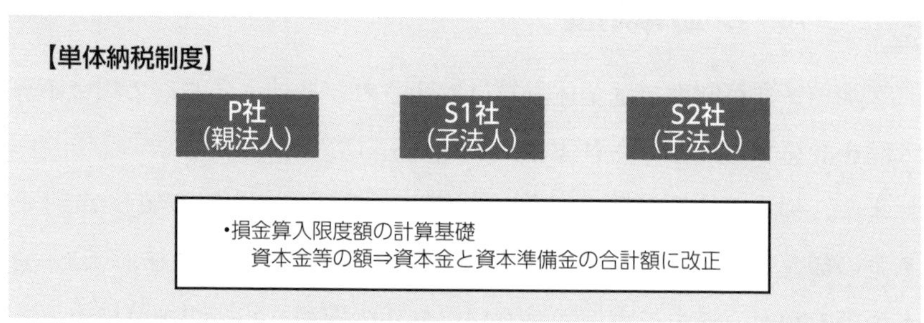

5　貸倒引当金の損金算入

Point

- 連結納税制度では、連結納税グループ内の法人に対する金銭債権を貸倒引当金の繰入対象から除外します。
- グループ通算制度では、完全支配関係のある法人に対する金銭債権を貸倒引当金の繰入対象から除外します。
- 単体納税制度においても、完全支配関係のある法人に対する金銭債権を貸倒引当金の繰入対象から除外します。

連結納税制度

貸倒引当金の損金算入額は、各法人ごとに計算を行います。全体計算項目ではありません。ただし、個別評価金銭債権及び一括評価金銭債権には連結納税グループ内の法人に対するものは含まないことや、貸倒実績率計算上は連結納税グループ内の法人に対する金銭債権と貸倒損失額を含まないこととするなど、連結納税制度特有のルールが設けられています（法法52⑨二、法令96⑥二イ）。

なお、貸倒引当金が損金算入できる中小法人等の範囲は、連結親法人が中小法人等で、かつ、その法人の資本金が１億円以下の場合に限られています（法法52①一カッコ書）。

【連結納税制度】

連結納税制度における貸倒引当金損金算入制度の特徴

■個別評価金銭債権・一括評価金銭債権には、連結納税グループ法人に対するものは含まない
■貸倒実績率計算上は、連結納税グループ法人に対する金銭債権と貸倒損失額を含まない

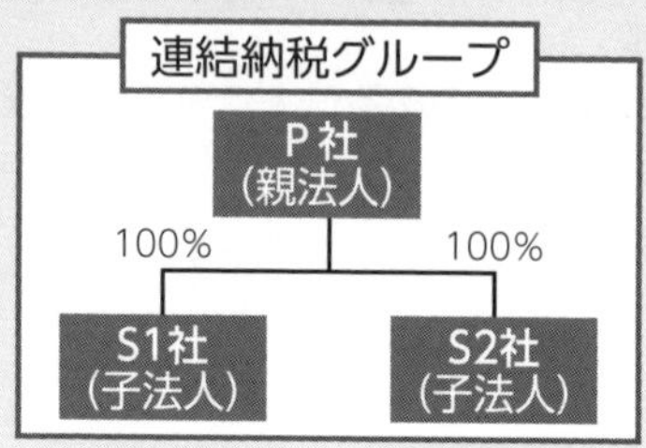

・貸倒引当金損金算入額は法人ごとに計算

グループ通算制度

グループ通算制度においては、完全支配関係のある法人（通算グループ内の法人ではありません）に対する金銭債権が貸倒引当金の繰入対象から除外されます（新法法52⑨二）。なお、除外される金銭債権は、完全支配関係のある内国法人に対する金銭債権の他、完全支配関係のある外国法人に対する金銭債権も含まれます。これにより、貸倒引当金繰入限度額が縮小することになります。

なお、中小法人等の判定方法に改正が加えられ、通算グループ内に一社でも中小法人以外の法人がある場合は、通算グループ全体で中小法人特例の適用は受けられなくなります（P50参照）。

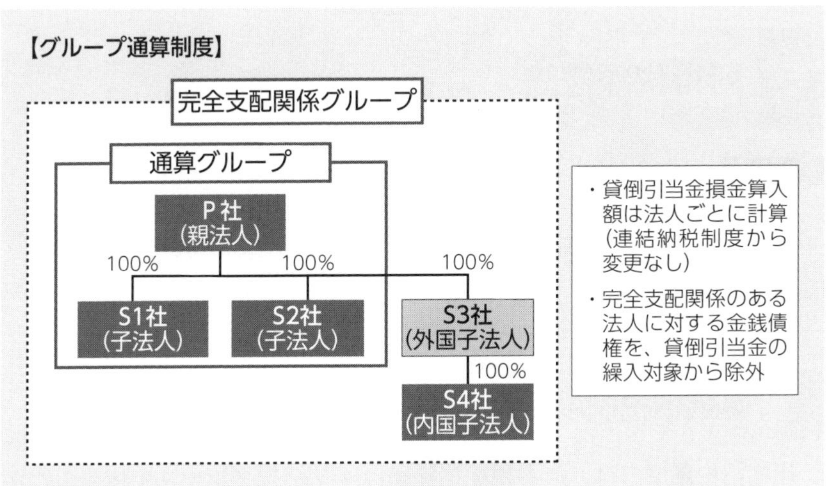

単体納税制度

単体納税制度においても、グループ通算制度と平仄を合わせ課税の公平を図る観点から、完全支配関係のある法人に対する金銭債権が貸倒引当金の繰入対象から除外されます（新法法52⑨二）。なお、除外される金銭債権は、完全支配関係のある内国法人に対する金銭債権の他、完全支配関係のある外国法人に対する金銭債権も含まれます。これにより、貸倒引当金繰入限度額が縮小することになります。

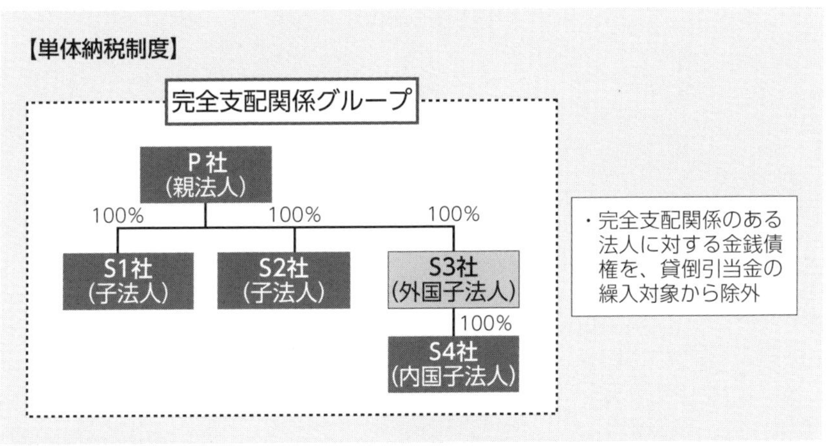

6 所得税額控除

Point

- 連結納税制度では、所得税額控除額はグループ全体で計算を行います。
- グループ通算制度では、所得税額控除額は各法人で計算することとされます。
- 単体納税制度の改正はありません。

連結納税制度

連結納税制度では、所得税額控除額は連結納税グループ全体をあたかも一つの法人であるかのように捉えて計算を行います（法法81の14①）。グループ全体で計算した税額控除額は、個別法によるときは実際に源泉徴収された法人に配分し、銘柄別簡便法によるときは源泉徴収された金額の比で各法人に配分します（法令155の44）。

なお、控除を受ける所得税額は損金不算入になります（法法81の7①）。

【連結納税制度】

連結納税制度における所得税額控除額計算の特徴

■連結納税グループ全体で控除額計算を行う
■連結納税グループ全体の選択により、元本の区分毎に、個別法か銘柄別簡便法を選択する
■個別法の場合、連結納税グループ内で元本の異動があったときは、元本所有期間を通算する
■控除額の各社への配分方法
・個別法⇒実際に源泉徴収された法人に配分
・銘柄別簡便法⇒配当等の元本の銘柄毎に、源泉徴収された金額の比で配分

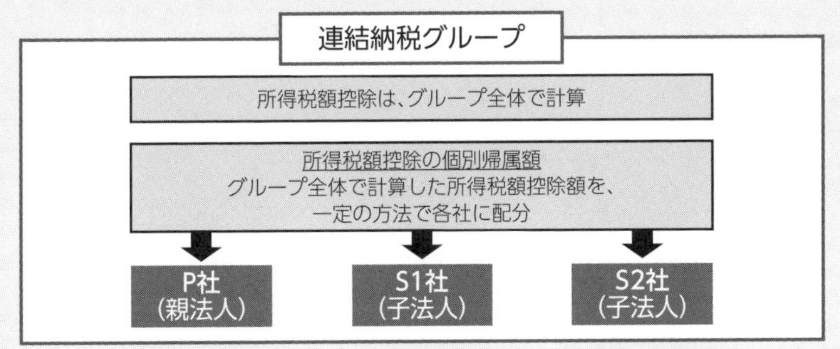
連結納税グループ
所得税額控除は、グループ全体で計算
所得税額控除の個別帰属額
グループ全体で計算した所得税額控除額を、
一定の方法で各社に配分
P社
（親法人）
S1社
（子法人）
S2社
（子法人）

グループ通算制度

グループ通算制度では、所得税額控除は各法人で計算することとされます（新法法68①）。

なお、連結納税制度では、個別法で計算する場合に連結納税グループ内で元本の移動があったときは、元本所有期間を通算することとされています（法令155の26④）。これに関し、連結納税制度に関する専門家会合説明資料（令和元年６月26日　財務省）には「当該制度は現行のままとしてはどうか」といった記載があることから、今後公表される法人税法施行令等で元本所有期間の通算について定められる可能性もあると考えます。

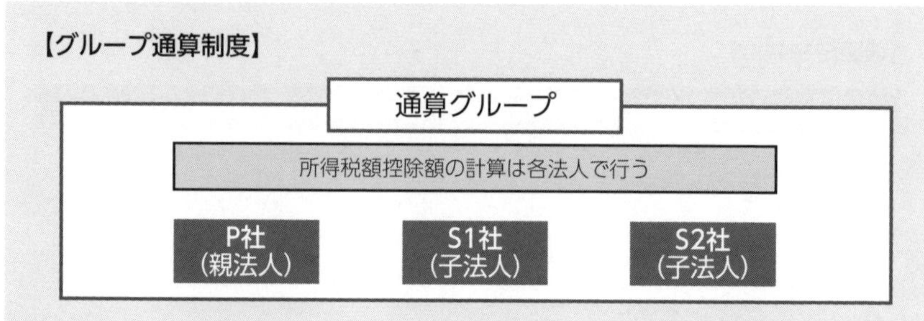

単体納税制度

単体納税制度においては、特に改正はありません。

7 外国税額控除

Point

- 連結納税制度では、外国税額控除限度額はグループ全体で計算を行います。
- グループ通算制度でも、外国税額控除限度額はグループ全体で計算を行います。控除額は原則として当初申告額に固定され、税務調査等で事後的に金額が異動した場合は進行年度で調整を行うこととされます。
- 単体納税制度の改正はありません。

連結納税制度

連結納税制度では、外国税額控除限度額は連結納税グループ全体をあたかも一つの法人であるかのように捉えて計算を行います（法法81の15①）。連結納税グループ全体で計算した税額控除限度額は、国外所得金額がプラスの法人に対し、国外所得金額の比で配分されます（法令155の29）。そして、各法人において配分された控除限度額の範囲内で控除額の計算を行います。

なお、税額控除を受けるか損金算入するかについては、連結納税グループ全体でいずれかを選択することになります。税額控除を受ける場合は、連結納税グループ内で生じた控除対象外国法人税額の全額が損金不算入になります（法法81の８①）。

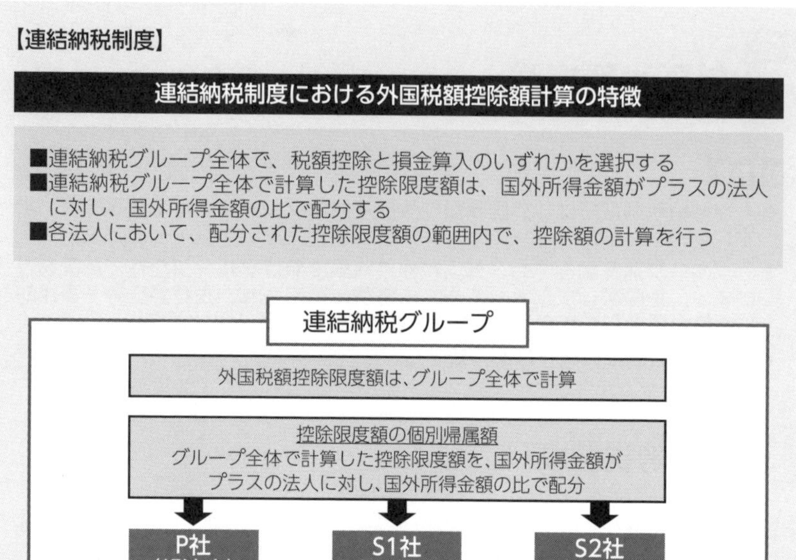
【連結納税制度】
連結納税制度における外国税額控除額計算の特徴
■連結納税グループ全体で、税額控除と損金算入のいずれかを選択する
■連結納税グループ全体で計算した控除限度額は、国外所得金額がプラスの法人に対し、国外所得金額の比で配分する
■各法人において、配分された控除限度額の範囲内で、控除額の計算を行う
連結納税グループ
外国税額控除限度額は、グループ全体で計算
控除限度額の個別帰属額
グループ全体で計算した控除限度額を、国外所得金額がプラスの法人に対し、国外所得金額の比で配分
P社（親法人）
S1社（子法人）
S2社（子法人）

グループ通算制度

外国税額控除については全体計算が維持されます。これは、全体計算を廃止することによる税負担への影響や、海外投資機能をグループ内の特定の法人に集約しているといった企業グループの一体経営の実情に配慮したものと考えられます。

なお、連結納税制度と同様に、税額控除を受けるか損金算入するかは、通算グループ全体でいずれかを選択します（新法法41②）。

①　控除限度額の計算

グループ通算制度における控除限度額は、連結納税制度の計算方法と基本的に同様の方法で計算します（新法法69⑭）。通算グループを一体として控除限度額を計算し、国外所得金額がプラスの法人に対し、各法人の国外所得金額の比でその控除限度額を各法人に配分します。

②　事後的に生じた金額異動

税務調査等により控除限度額の計算基礎とした金額が事後的に異動したとしても、その事業年度の税額控除額は原則として当初申告額に固定され（新法法69⑮）、当初申告額と本来の税額控除額との過不足額は、進行年度において調整を行うこととされます（新法法69⑰⑱）。つまり、過不足額自体の計算は行うものの、その過不足額は本来の事業年度に遡って修正するのではなく、進行年度で修正する方法がとられます。

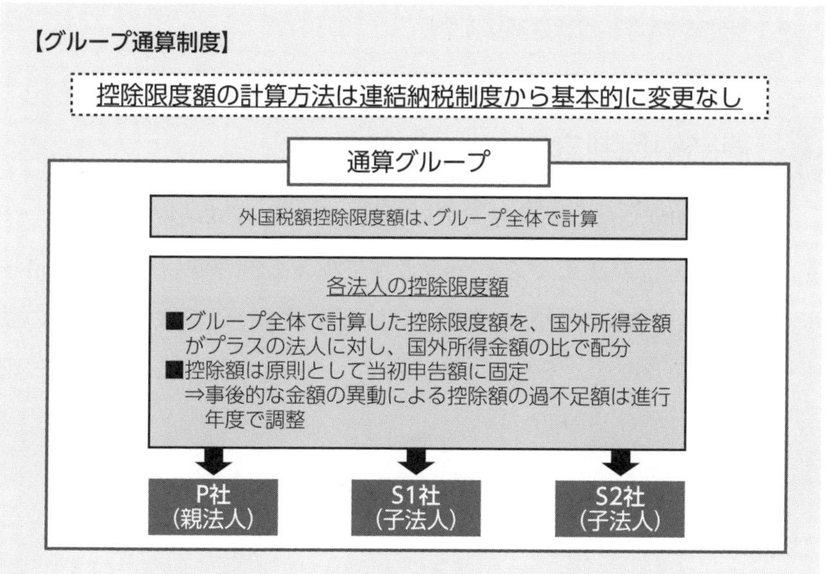
【グループ通算制度】
控除限度額の計算方法は連結納税制度から基本的に変更なし
通算グループ
外国税額控除限度額は、グループ全体で計算
各法人の控除限度額
■グループ全体で計算した控除限度額を、国外所得金額がプラスの法人に対し、国外所得金額の比で配分
■控除額は原則として当初申告額に固定
⇒事後的な金額の異動による控除額の過不足額は進行年度で調整
P社（親法人）
S1社（子法人）
S2社（子法人）

単体納税制度

単体納税制度においては、特に改正はありません。

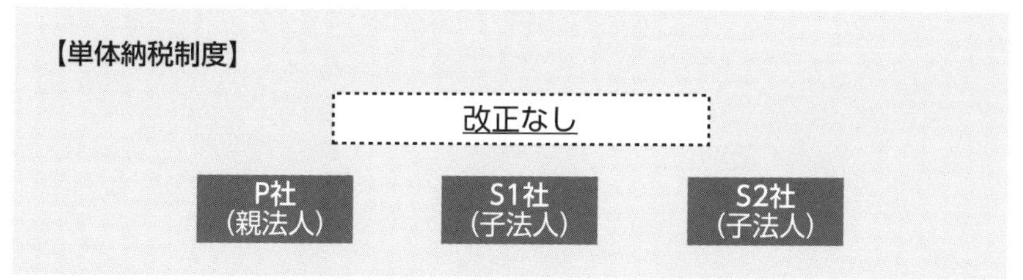
【単体納税制度】
改正なし
P社（親法人）
S1社（子法人）
S2社（子法人）

8 試験研究費の税額控除

Point

- 連結納税制度では、試験研究費の税額控除額はグループ全体で計算を行います。
- グループ通算制度でも、試験研究費の税額控除額はグループ全体で計算を行います。控除額は原則として当初申告額に固定され、税務調査等で事後的に金額が異動した場合の影響がグループ全社に波及しない仕組みがとられます。
- 単体納税制度の改正はありません。

連結納税制度

連結納税制度では、試験研究費の税額控除額は連結納税グループ全体をあたかも一つの法人であるかのように捉えて計算を行います（措法68の９）。連結納税グループ全体で計算した税額控除額は、各法人の試験研究費の額及びその増減割合等を勘案した一定の比率で、各法人に配分されます（措令39の39㉗）。

【連結納税制度】

連結納税制度における試験研究費の税額控除額計算の特徴

■連結納税グループ全体で税額控除限度額計算を行い、グループ全体の控除上限額（調整前連結法人税額 × 一定割合）との少ない金額が、グループ全体の税額控除可能額となる。
■連結納税グループ全体で計算した税額控除可能額を、各法人の試験研究費の額及びその増減割合等を勘案した一定の比率で配分した金額が、各法人の税額控除額の個別帰属額となる

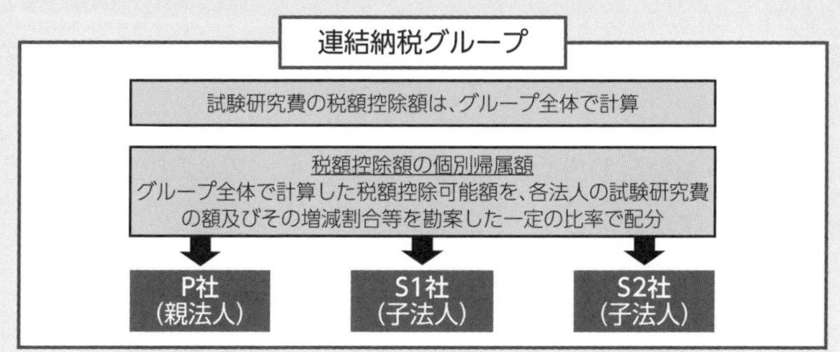

グループ通算制度

試験研究費の税額控除については全体計算が維持されます。これは、全体計算を廃止することによる税負担への影響や、研究開発機能をグループ内の特定の法人に集約しているといった企業グループの一体経営の実情に配慮したものと考えられます。

①　控除限度額の計算

通算グループを一体として計算した税額控除限度額と控除上限額のいずか少ない金額が税額控除可能額となり、この税額控除可能額を、各法人の調整前法人税額の比で配分した金額が、各法人の税額控除限度額となります（新措法42の４⑧三）。つまり、法人税額が算出される黒字法人に配分されます。

グループ通算制度においては、試験研究費が生じた法人と、税額控除を受ける法人が全く連動しないことになります。試験研究費の税額控除は、そもそも試験研究費の額が生じなければ控除を受けることはできませんが、グループ通算制度において特徴的なのは、通算グループ内の一法人に損金の額に算入される試験研究費の額がある場合には、他の法人においても試験研究費の額があるものとする点です（新措法42の４⑧二）。これにより、試験研究費の額が全く生じていない法人であっても、税額控除可能額が配分された場合には税額控除が受けられることになります。

これに伴う通算税効果額（P37参照）をグループ内で授受するか否かは、各グループの任意です。

②　事後的に生じた金額異動

税務調査等により通算グループ内の他の法人の各期の試験研究費の額又は当期の調整前法人税額が事後的に異動したとしても、税額控除額は原則として当初申告額に固定されます（新措法42の４⑧四）。グループ内損益通算と同様に、税務調査等による事後的な金額の異動の影響がグループ全社に波及しない仕組みがとられます。

ただし、自社の減額更正等によりグループ全体の税額控除可能額が減少する場合（当初申告におけるグループ全体の税額控除額が過大であった場合）は、自社において、その過大控除していた法人税額を追加納付するような調整が行われます（新措法42の４⑧六）。逆に、当初申告におけるグループ全体の税額控除額が過小であったとしても、税額控除額は当初申告額に固定され、追加控除は受けられない仕組みになります（新措法42の４⑧五）。

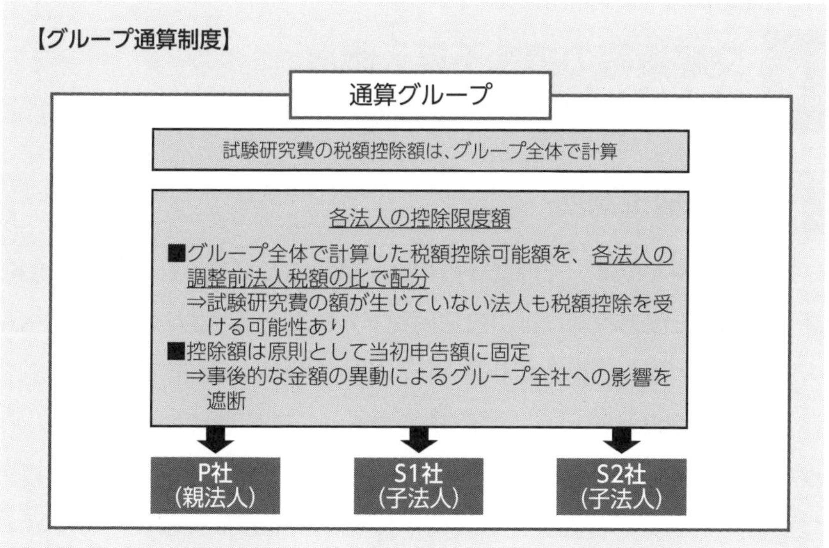

単体納税制度

単体納税制度においては、特に改正はありません。

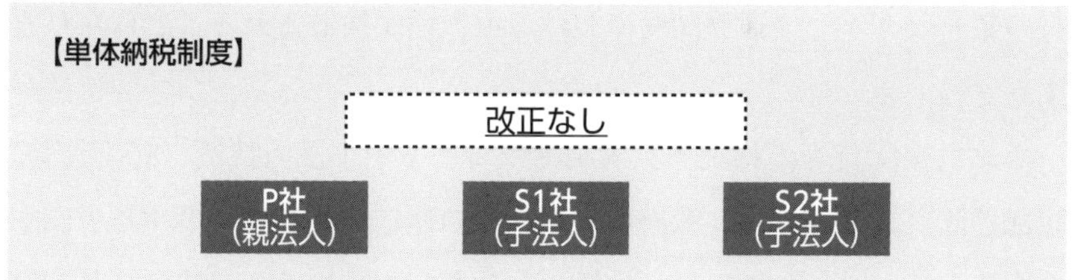

 交際費等の損金不算入制度、賃上げ・投資促進税制

連結納税制度

連結納税制度では、交際費等の損金不算入額及び賃上げ・投資促進税制（所得拡大促進税制）は、連結納税グループ全体をあたかも一つの法人であるかのように捉えて計算を行います（措法68の66、68の15の６）。

これらの制度はいずれも時限措置であり、交際費等の損金不算入制度は令和４年３月31日までに開始する事業年度について適用、賃上げ・投資促進税制（所得拡大促進税制）は令和３年３月31日までに開始する事業年度について適用されます。

これらの制度は、グループ通算制度開始（令和４年４月１日以後開始事業年度）前に適用期限が到来するため、グループ通算制度における取扱いは未定となっています。適用期限が到来するタイミングで、制度延長の是非とグループ通算制度における取扱いが検討されることになります。

なお、交際費等の損金不算入制度における中小法人特例（800万円の定額控除）については、政府税制調査会の連結納税制度に関する専門家会合において、「企業グループ内の法人間での損益通算が認められる制度において、分社化等により定額控除枠が増殖可能となることは適当でない」※と指摘されていることから、グループ通算制度における定額控除限度額もグループ全体で800万円にする方向で検討される可能性があると考えます。

※令和元年８月27日　連結納税制度に関する専門家会合　連結納税制度の見直しについて　P32

10 まとめ

主な個別制度の取扱いをまとめると、次の通りです。

項目	連結納税制度	グループ通算制度	単体納税制度
受取配当等の益金不算入	・連結納税グループ全体の保有割合で関連法人株式等・非支配目的株式等を判定 ・連結納税グループ全体で計算	・完全支配関係グループ全体の保有割合で関連法人株式等・非支配目的株式等を判定 ・控除負債利子計算方法の簡素化（関連法人株式等の配当等の額×４％相当額（負債利子額×10%を上限））※1	・完全支配関係グループ全体の保有割合で関連法人株式等・非支配目的株式等を判定 ・控除負債利子計算方法の簡素化（関連法人株式等の配当等の額×４％相当額（負債利子額×10％を上限））
外国子会社配当等の益金不算入	・連結納税グループ全体の保有割合で外国子会社判定	・通算グループ全体の保有割合で外国子会社判定	改正なし
寄附金の損金不算入	・連結納税グループ全体で計算	・各法人で計算 ・損金算入限度額の計算方法の見直し（資本金等の額⇒資本金及び資本準備金の合計額）	・損金算入限度額の計算方法の見直し（資本金等の額⇒資本金及び資本準備金の合計額）
貸倒引当金の損金算入	・各法人で計算 ・連結納税グループ内法人に対する金銭債権は除外	・各法人で計算 ・完全支配関係グループ内法人に対する金銭債権は除外	・完全支配関係グループ内法人に対する金銭債権は除外
所得税額控除	・連結納税グループ全体で計算	・各法人で計算※2	改正なし
外国税額控除	・連結納税グループ全体で計算	・通算グループ全体で計算 ・事後的な金額異動は進行年度で調整	改正なし
試験研究費の税額控除	・連結納税グループ全体で計算	・通算グループ全体で計算 ・各社への配分基準を改正（調整前法人税額の比で各社に配分） ・事後的な金額異動で控除可能額が減少する場合は異動法人で追加納付	改正なし
交際費等の損金不算入	・連結納税グループ全体で計算	未定	－
賃上げ・投資促進税制（所得拡大促進税制）	・連結納税グループ全体で計算	未定	－

※１　控除負債利子を通算グループ全体で計算するか否かは未定
※２　元本所有期間を通算するか否かは未定

11 投資簿価修正

Point

- 連結納税制度では、子法人株式の離脱直前帳簿価額は、従前帳簿価額±離脱子法人の連結納税開始（加入）後の利益積立金増減額となります。
- グループ通算制度では、子法人株式の離脱直前帳簿価額は、離脱子法人の簿価純資産価額となります。

連結納税制度

① 投資簿価修正とは

連結納税制度では、二重課税や二重損失計上を防止する観点から、子法人のグループからの離脱等一定の事由に該当する場合、株主である連結法人が子法人株式の帳簿価額を修正することとされています（法令9②）。この制度のことを一般に「投資簿価修正」と呼んでいます。

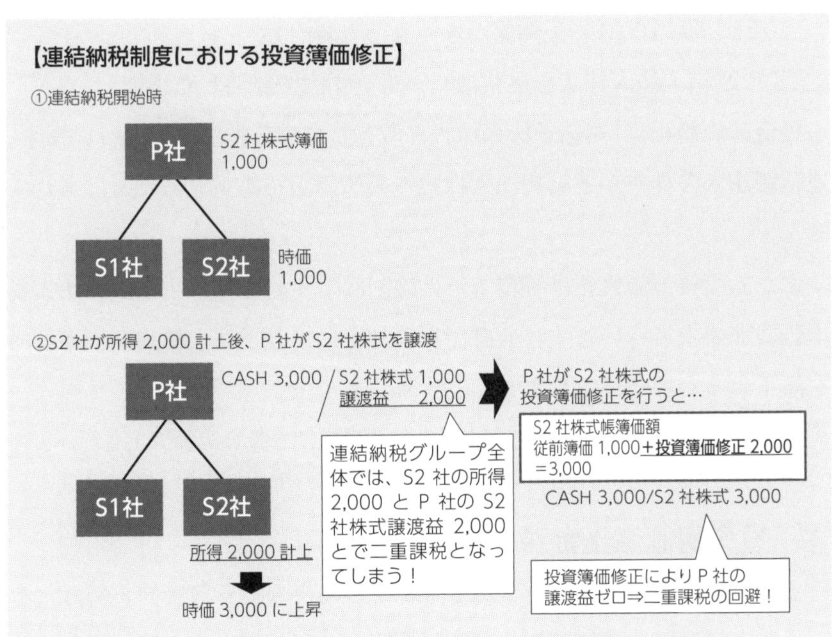

上記の図では、連結子法人S2社が獲得した所得2,000が連結所得を構成します。連結納税開始時のS2社株式の時価が1,000であったとすると、理論上は、所得2,000を獲得したことによりS2社株式の時価は3,000に上昇します。その後Ｐ社が、所有するS2社株式を譲渡した際に通常通り譲渡処理を行ってしまうと、連結納税に参加していた期間中にS2社が獲得した所得相当額2,000が譲渡益として再度連結所得を構成してしまうことになります。

この二重課税を回避するための制度が投資簿価修正です。Ｐ社が所有するS2社株式の帳簿価額を2,000増加させればＰ社の譲渡益はゼロになり、二重課税が回避できることになります。

②　投資簿価修正を行うタイミング

投資簿価修正を行うのは、主に以下の場合です（法令９②、９の２②)。

（ａ）連結子法人が連結納税グループから離脱した場合（連結親法人

との間に100％支配関係がなくなった場合）

（b）連結子法人株式を連結納税グループ内で譲渡した場合

投資簿価修正は、連結子法人株式を所有している株主法人が行います。連結親法人の株主が連結親法人株式の帳簿価額を修正することはありません。

また、投資簿価修正は税務上だけの制度ですので、株主法人の法人税申告書別表上で行います。会計仕訳の計上により子法人株式の帳簿価額を修正するわけではありません。

（注）連結子法人にみなし配当事由が生じた場合にも投資簿価修正を行いますが、修正額の計算が特殊であるため、本書での解説は省略しています。

③　投資簿価修正金額

子法人が連結納税グループから離脱する場合の投資簿価修正額は、その子法人が連結納税に参加していた期間中の利益積立金の増減額とされています（法令９③、９の２③）。

したがって、子法人がグループから離脱する場合の修正後のその子法人株式の帳簿価額は、「修正前帳簿価額±その子法人の連結納税開始（加入）後の利益積立金増減額」となります。

【連結納税制度】

グループ離脱時の投資簿価修正
子法人株式の離脱直前帳簿価額＝従前帳簿価額±離脱子法人の連結納税開始（加入）後の利益積立金増減額

グループ通算制度

令和元年12月に公表された令和２年度税制改正大綱では、「投資簿価修正制度の改組」として、子法人が通算グループから離脱する場合の離脱直前の帳簿価額を、その離脱子法人の簿価純資産価額に相当する金額とすることが明らかになっています。簿価純資産価額とは、離脱子法人の資本金等の額と利益積立金の合計額であると思われます。

連結納税制度に関する専門家会合では、恣意的な税負担額の調整を防止する観点から投資簿価修正事由等についても検討がなされています。投資簿価修正制度はもともと法人税法施行令に規定されていることから、他の制度との関連性や既存の修正事由がどこまで存置されるのかも含め、施行令が公表され次第、改正内容詳細の確認が必要です。

【グループ通算制度】

グループ離脱時の投資簿価修正
子法人株式の離脱直前帳簿価額＝離脱子法人の簿価純資産価額

12 利益・損失の二重計上の防止措置

Point

- グループ通算制度では、意図的な損失の二重計上に対処するするための新たな措置が講じられます。

連結納税制度

連結納税制度は、グループ内の個々の法人の所得と欠損を通算するなど、グループ全体をあたかも一つの法人であるかのように捉えて課税する制度です。

グループ全体を一つの法人であるかのように捉えるのならば、一の資産又は事業の含み損がグループ内で二重に計上されるべきではありません。また、当然のことながら、意図的な損失の二重計上が容認されるべきではありません。しかしながら、次に掲げるような行為により、一の資産又は事業の含み損に基因する損失が二重計上されるケースがあることが問題視されていました。

①　グループ内における損失の二重計上

●含み損資産を有する子法人の株式を有する連結納税グループ内法人が、その子法人株式の評価損を計上、その後その子法人において資産の含み損を譲渡等により実現する行為

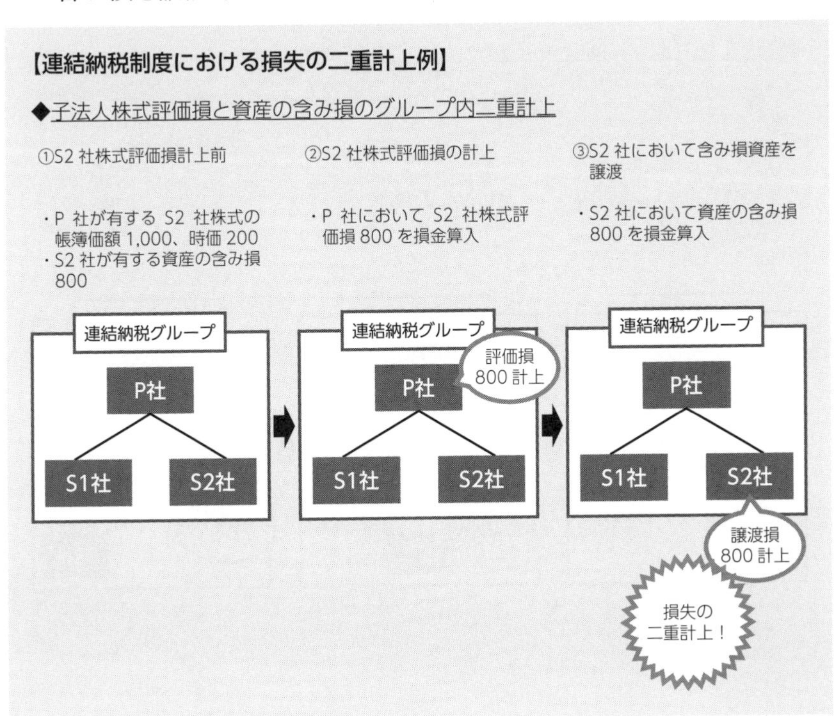

【連結納税制度における損失の二重計上例】
◆子法人株式評価損と資産の含み損のグループ内二重計上
①S2 社株式評価損計上前
・P 社が有する S2 社株式の帳簿価額 1,000、時価 200
・S2 社が有する資産の含み損 800
②S2 社株式評価損の計上
・P 社において S2 社株式評価損 800 を損金算入
③S2 社において含み損資産を譲渡
・S2 社において資産の含み損 800 を損金算入
連結納税グループ
P社
S1社
S2社
評価損
800 計上
譲渡損
800 計上
損失の
二重計上！

●含み損資産を有する子法人の株式を連結納税グループ内で２回譲渡して譲渡損を計上、その後その子法人において資産の含み損を譲渡等により実現する行為

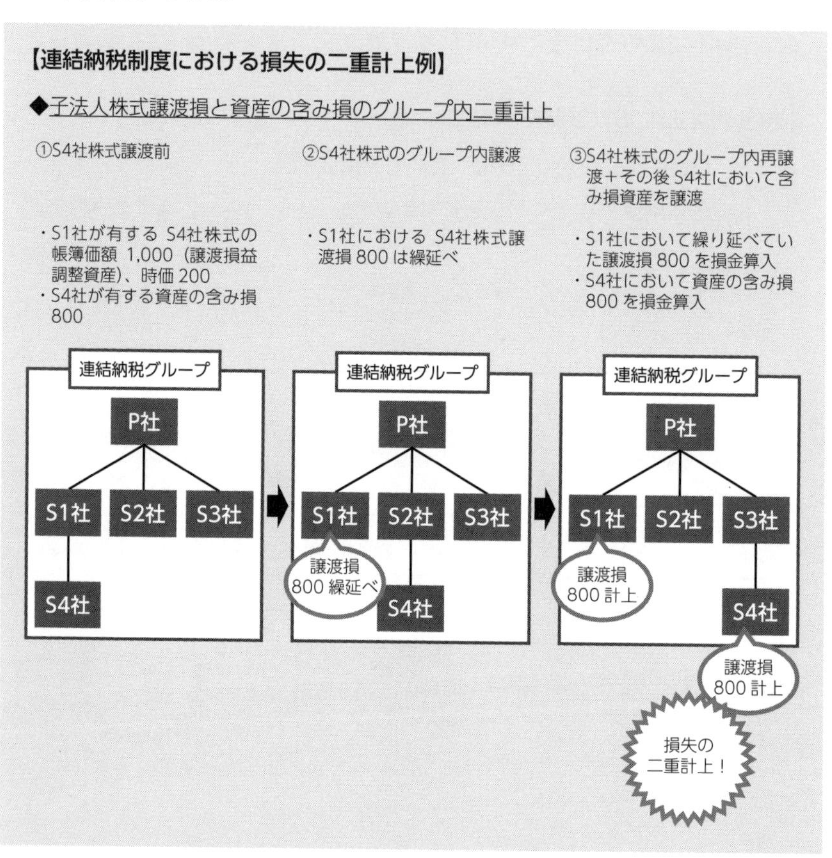

②　離脱子法人が資産又は事業を譲渡等することに伴う損失の二重計上

●含み損資産を有する子法人の株式を連結納税グループ外に譲渡（その子法人は連結納税グループから離脱）して、株主法人がその離脱子法人の株式譲渡損を計上、その後離脱子法人において資産の含み損を譲渡等により実現する行為

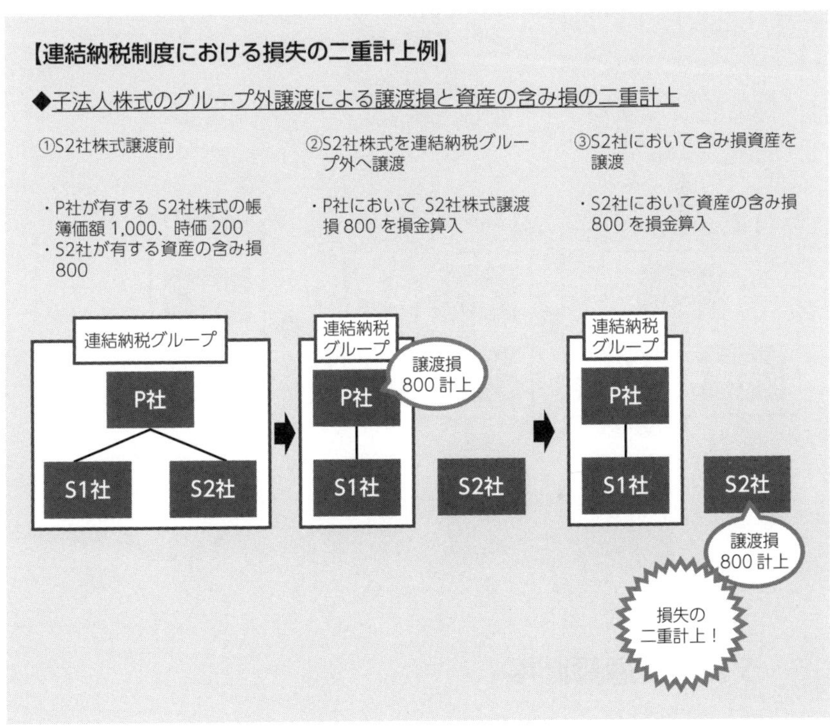
【連結納税制度における損失の二重計上例】
◆子法人株式のグループ外譲渡による譲渡損と資産の含み損の二重計上
①S2社株式譲渡前
・P社が有する S2社株式の帳簿価額 1,000、時価 200
・S2社が有する資産の含み損 800
②S2社株式を連結納税グループ外へ譲渡
・P社において S2社株式譲渡損 800 を損金算入
③S2社において含み損資産を譲渡
・S2社において資産の含み損 800 を損金算入
連結納税グループ
P社
S1社
S2社
連結納税グループ
譲渡損 800 計上
P社
S1社
S2社
連結納税グループ
P社
S1社
S2社
譲渡損 800 計上
損失の二重計上！

●事業の継続見込みがない子法人の株式を連結納税グループ外に譲渡（その子法人は連結納税グループから離脱）して、株主法人がその離脱子法人の株式譲渡損を計上、その後離脱子法人において事業を譲渡等して損失を計上する行為

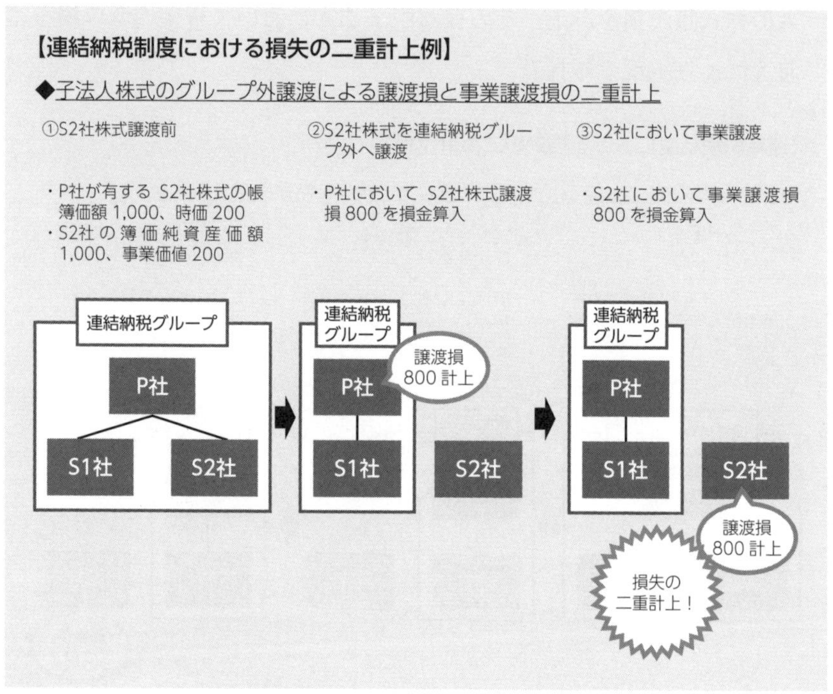

グループ通算制度

①　グループ内における損失の二重計上の防止

株式の含み損と資産の含み損を利用した二重損失計上を防止するため、通算グループ内の子法人株式の評価損益及び通算グループ内の他の法人に対する譲渡損益を計上しないこととされます（新法法33⑤、61の11⑧）。

②　子法人離脱時の時価評価制度の創設

子法人がグループから離脱する際の子法人株式譲渡損と、離脱子法人が離脱後に含み損資産を譲渡等することによる二重損失計上を防止する観点から、グループ離脱時の時価評価制度が創設されます（新法法64の13①）。

具体的には、離脱する子法人が次に掲げる場合で一定のケースに該当するときは、離脱子法人が、離脱直前事業年度において有する一定の資産の時価評価損益を計上することとされます。計上した時価評価損益は株主法人において投資簿価修正の対象にすることで、結果として二重損失計上が排除できることになります。

- 通算グループから離脱する子法人が、帳簿価額10億円を超える資産の譲渡等による損失を計上する見込みがある場合
- 通算グループから離脱する子法人が、その行う主要な事業について継続する見込みがない場合

連結納税制度下において、多額の含み損資産の譲渡見込がある子法人や、主要な事業の継続見込みがない子法人がグループから離脱するケースには、第三者への株式譲渡による離脱ではなく、(100％ではない)グループ内法人に対する譲渡で、損失の二重計上による税負担減少効果を意図的に狙った行為も含まれていたものと推測されます。グループ通算制度においては、こういった行為による二重損失計上が排除されます。

グループ通算制度で創設される損失二重計上の防止措置

連結納税制度における損失の二重計上例				グループ通算制度における二重損失計上の防止措置
含み損資産を有する子法人の株式を有する連結納税グループ内法人が、その子法人株式の評価損を計上	＋	その後、その子法人において、資産の含み損を譲渡等により実現	⇨	通算グループ内の子法人株式の評価損益は計上しない
含み損資産を有する子法人の株式を連結納税グループ内で2回譲渡して譲渡損を計上	＋	その後、その子法人において、資産の含み損を譲渡等により実現	⇨	通算グループ内の子法人株式のグループ内譲渡による譲渡損益は計上しない
含み損資産を有する子法人の株式、又は、事業継続見込みのない子法人の株式を有する連結納税グループ内法人が、その子法人株式を連結納税グループ外に譲渡して譲渡損を計上	＋	離脱した子法人において、資産の含み損を譲渡等により実現、又は、事業譲渡損を計上	⇨	離脱子法人が以下に掲げる場合で一定のケースに該当するときは、離脱子法人が、離脱直前事業年度において資産を時価評価 ●簿価10億円超の資産の譲渡等による損失計上が見込まれる場合 ●主要事業の継続が見込まれない場合 ⇒時価評価及び子法人株式を有するグループ内法人が投資簿価修正を行うことにより、二重損失計上を排除

13 子法人のみなし事業年度

Point

- 連結納税制度では、グループ内の全社が親法人の事業年度に合わせて、グループを一体として所得金額及び税額計算を行います。
- グループ通算制度でも、グループ内の全社が親法人の事業年度に合わせて所得金額及び税額計算を行います。グループ通算制度では、加入時のみなし事業年度を年単位にできる特例が加わります。離脱時のみなし事業年度のルールも簡素化されます。

1 子法人が連結納税グループに加入する際のみなし事業年度

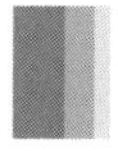

連結納税制度

連結納税制度では、連結親法人の事業年度ごとにグループ全体で税額計算を行うこととされています（法法15の２）。連結納税制度において、連結親法人の事業年度のことを「連結事業年度」といいます。

連結親法人と会計期間が異なる連結子法人は、税額計算上みなし事業年度を設けることになります。制度上は子法人の会計期間を親法人の会計期間と一致させることは義務ではありませんが、実務上の煩雑さを考えれば連結納税を開始する前に一致させておくことが望ましく、実務上も、ほとんどの子法人が親法人の会計期間に一致させています。

①　みなし事業年度の原則

事業年度の中途で連結親法人との間に完全支配関係を有することとなった場合は、完全支配関係を有することとなった日に強制的に連結納税グループに加入することになります（法法４の３⑩）。子法人は、加入の日の前日までをみなし事業年度として最後の単体申告を行います(法法14①六)。

② みなし事業年度の特例

仮に月中の日に完全支配関係を有することとなった場合、子法人はその日の前後でみなし事業年度を区切ることとなり、収益及び費用は全て日割り計算が必要になります。この事務負担を軽減する措置として、一定の書類を所轄税務署長に提出することにより、月次決算期間の末日をみなし事業年度の末日にできる特例が設けられています（法法14②一イ)。この場合、その子法人は、その月次決算期間の末日の翌日に連結納税グループに加入することになります。

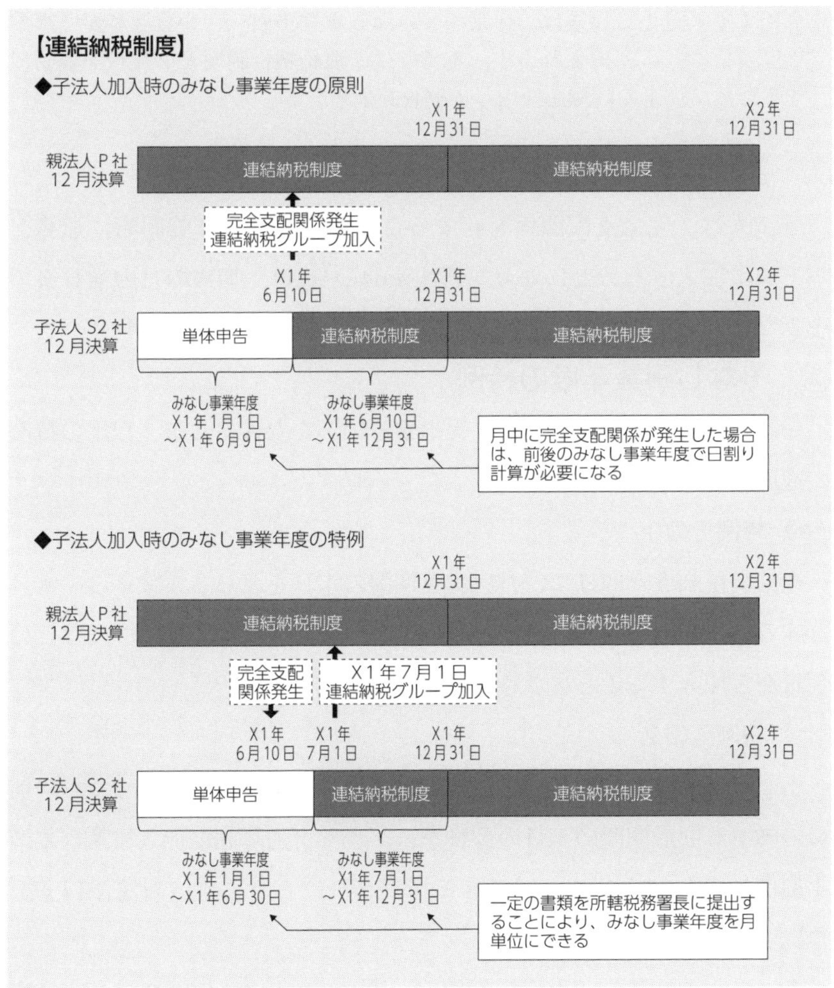

グループ通算制度

グループ通算制度適用法人の事業年度は、連結納税制度と同様に親法人の事業年度に合わせることになります。事業年度の中途でグループ通算制度を適用している親法人との間に完全支配関係を有することとなった子法人のみなし事業年度は次の通りです。

※令和４年４月１日以後は、従来の「みなし事業年度」という呼称が「事業年度の特例」に変更されます。本書では、連結納税制度との比較を容易にするため、従来の呼称を使用して解説します。

① みなし事業年度の原則

子法人は、完全支配関係を有することとなった日に強制的に通算グループに加入することになり（新法法64の９⑪)、加入の日の前日までをみなし事業年度として通常の単体申告を行います（新法法14④一)。

② みなし事業年度の特例

一定の書類を所轄税務署長に提出することを要件として、以下の特例の適用を受けることができます。

（a）特例その１

連結納税制度と同様に、月次決算期間の末日をみなし事業年度の末日とする特例が設けられます（新法法14⑧一イ)。通算グループにはその翌日から加入することになります。

（b）特例その２

上記（a）の特例に加え、完全支配関係を有することとなった日の前日の属する会計期間の末日の翌日を、グループ通算制度加入日及び事業年度開始の日とすることができる措置が設けられます（新法法14⑧一ロ)。

これにより、親法人と会計期間が一致しているケース※では、完全支配関係を有することとなった日の前後でみなし事業年度を区切ることをせずに、その翌会計期間から通算グループに加入できることになります。

※グループ通算制度への加入を機に子法人が決算期変更を行い、親法人の会計期間と一致させるケースを含む

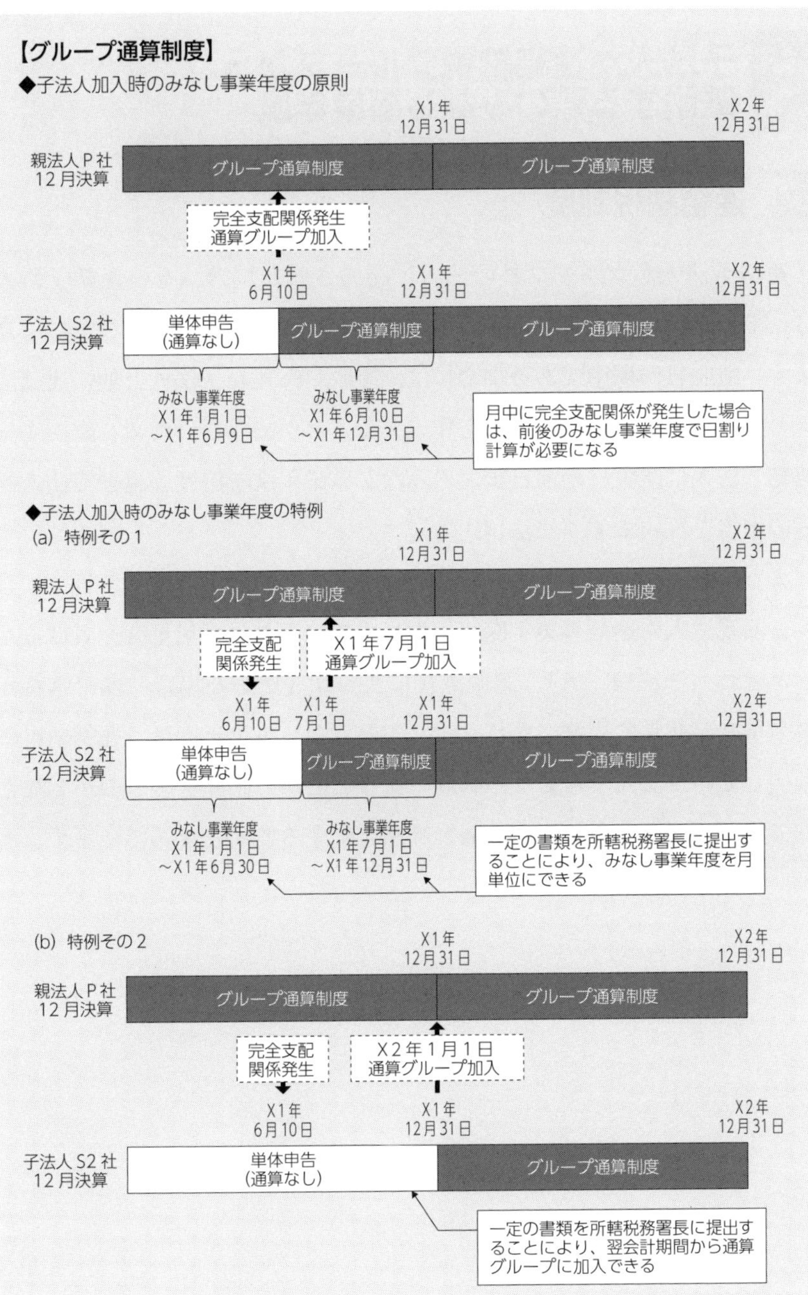
【グループ通算制度】
◆子法人加入時のみなし事業年度の原則
X1年 12月31日
X2年 12月31日
親法人P社 12月決算
グループ通算制度
グループ通算制度
完全支配関係発生 通算グループ加入
X1年 6月10日
X1年 12月31日
X2年 12月31日
子法人S2社 12月決算
単体申告 (通算なし)
グループ通算制度
グループ通算制度
みなし事業年度 X1年1月1日 ～X1年6月9日
みなし事業年度 X1年6月10日 ～X1年12月31日
月中に完全支配関係が発生した場合は、前後のみなし事業年度で日割り計算が必要になる
◆子法人加入時のみなし事業年度の特例
(a) 特例その1
X1年 12月31日
X2年 12月31日
親法人P社 12月決算
グループ通算制度
グループ通算制度
完全支配関係発生
X1年7月1日 通算グループ加入
X1年 6月10日
X1年 7月1日
X1年 12月31日
X2年 12月31日
子法人S2社 12月決算
単体申告 (通算なし)
グループ通算制度
グループ通算制度
みなし事業年度 X1年1月1日 ～X1年6月30日
みなし事業年度 X1年7月1日 ～X1年12月31日
一定の書類を所轄税務署長に提出することにより、みなし事業年度を月単位にできる
(b) 特例その2
X1年 12月31日
X2年 12月31日
親法人P社 12月決算
グループ通算制度
グループ通算制度
完全支配関係発生
X2年1月1日 通算グループ加入
X1年 6月10日
X1年 12月31日
X2年 12月31日
子法人S2社 12月決算
単体申告 (通算なし)
グループ通算制度
一定の書類を所轄税務署長に提出することにより、翌会計期間から通算グループに加入できる

2 子法人が連結納税グループから離脱する際のみなし事業年度

連結納税制度

連結子法人がグループ外の法人に譲渡された場合、その連結子法人は、その譲渡された日をもって連結納税グループを離脱することになります。離脱日が期中である場合には、離脱した連結子法人と他の連結法人との所得を合算して申告書を作成することができないため、離脱する連結子法人は離脱日の前日までのみなし事業年度を設け、単独で法人税等の申告を行います（法法14①八）。

また、離脱直後の１回のみは、その子法人の事業年度終了の日ではなく、旧親法人の連結事業年度終了の日までのみなし事業年度を設けることとされ（法法14①八）、離脱直後に決算期変更した場合には、みなし事業年度が非常に複雑になります。このみなし事業年度は、連結納税に参加していた法人ならではの制度であることから制度そのものが認知されていないことが多く、申告漏れ等が発生する要因となっています。

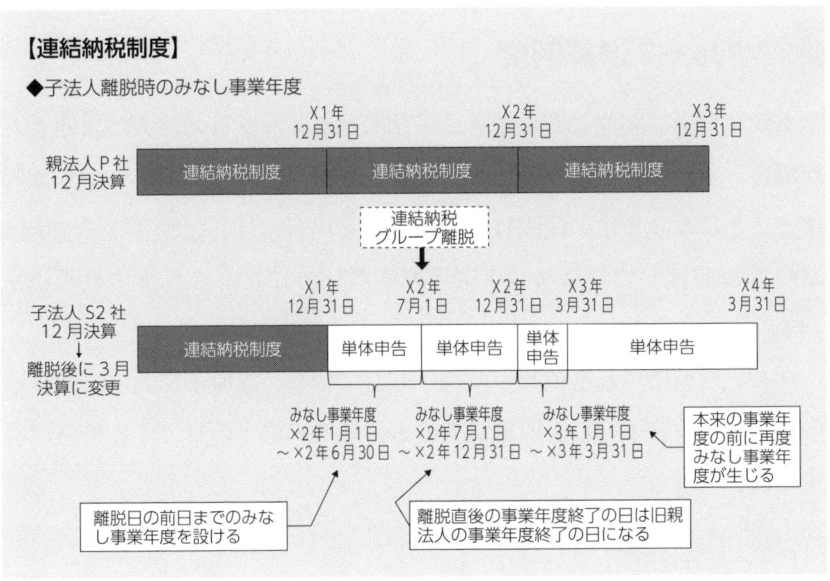
【連結納税制度】
◆子法人離脱時のみなし事業年度
X1年
12月31日
X2年
12月31日
X3年
12月31日
親法人P社
12月決算
連結納税制度
連結納税制度
連結納税制度
連結納税
グループ離脱
X1年
12月31日
X2年
7月1日
X2年
12月31日
X3年
3月31日
X4年
3月31日
子法人S2社
12月決算
↓
離脱後に3月
決算に変更
連結納税制度
単体申告
単体申告
単体
申告
単体申告
みなし事業年度
×2年1月1日
～×2年6月30日
みなし事業年度
×2年7月1日
～×2年12月31日
みなし事業年度
×3年1月1日
～×3年3月31日
本来の事業年
度の前に再度
みなし事業年
度が生じる
離脱日の前日までのみな
し事業年度を設ける
離脱直後の事業年度終了の日は旧親
法人の事業年度終了の日になる

グループ通算制度

グループ通算制度においても、子法人がグループ外の法人に譲渡された場合、その子法人は、その譲渡された日をもって通算グループを離脱することになります。離脱日が期中である場合には、離脱する子法人は離脱日の前日までのみなし事業年度を設けることとされます（新法法14④二）。

なお、連結納税制度において設けられている、離脱子法人の離脱直後の事業年度の終了の日を旧親法人の事業年度の終了の日とする措置は廃止されます。

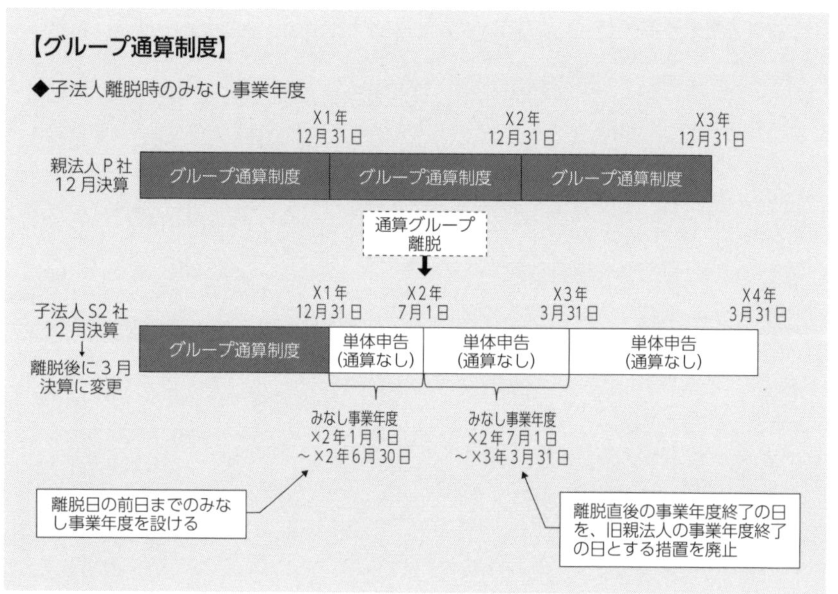

14 申告期限の延長

Point

- 連結納税申告書は、親法人が申請することにより提出期限を２ヶ月延長することができます。
- グループ通算制度においても、親法人が申請することにより提出期限を２ヶ月延長することができます。

連結納税制度

①　申告期限の原則と特例

連結親法人が提出する連結納税申告書は、連結親法人の所轄税務署長に対し、原則として連結事業年度終了の日の翌日から２ヶ月以内に提出することとされています(法法81の22①)。ただし、次に掲げる場合には、連結親法人が連結事業年度終了の日の翌日から45日以内に所轄税務署長に対し申請書を提出することにより、申告期限を２ヶ月延長することができます（法法81の24)。連結納税制度では、単体納税のような１ヶ月延長の制度はありません。

・定款等の定めにより、各連結事業年度終了の日の翌日から２ヶ月以内に定時総会が招集されない常況にあること

・連結子法人が多数に上ること等の理由により連結所得の金額等の計算を了することができないために、各連結事業年度終了の日の翌日から２ヶ月以内に連結確定申告書を提出できない常況にあること

なお、これ以外にも、単体納税と同様に、会計監査人を置いている場合には申告期限を最大４ヶ月延長できる特例も設けられています。

連結子法人は、上記の連結納税申告書の提出期限までに、自社の所轄

税務署長に対し個別帰属額の届出書を提出することとされています（法法81の25）。

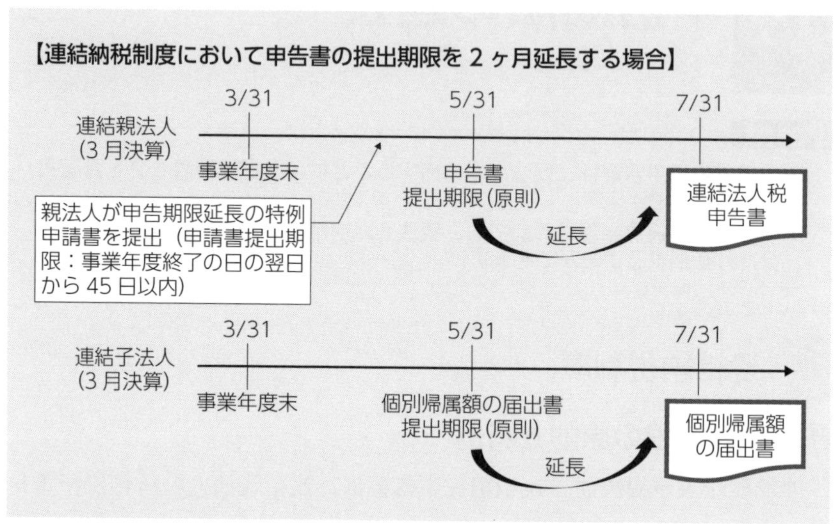

②　連結納税グループからの離脱時の手続き

連結納税開始又は加入前の単体納税時代の事業年度において法人税の申告期限を延長していた場合には、その効力は、連結納税グループ離脱後も引き続き有効です。したがって、連結納税離脱後に申告期限延長に係る申請書を改めて提出する必要はありません。

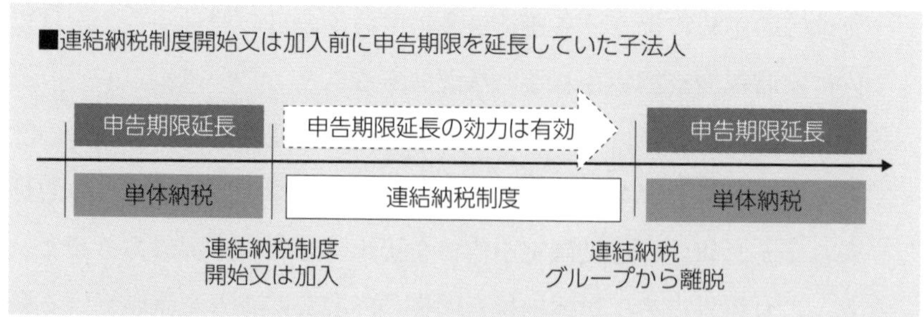

(注) 連結納税グループ内で設立された子法人の場合

既に連結納税を開始しているグループ内で100％出資して設立された

法人は、設立とともに連結子法人になります。連結法人として設立された子法人は、単体納税申告書の提出義務がある法人には該当しないため、設立時に法人税の申告期限延長の特例申請書を提出することができません（法法75の２①）。したがって、連結納税グループを離脱して単体納税を行う際に申請書を提出する必要があります。

ただし、申告期限延長は、離脱直前のみなし事業年度では適用を受けることができません。単体事業年度の申告期限の延長特例申請は事業年度終了の日までに提出することとされていますが（法法75の２③）、離脱直前のみなし事業年度終了日時点では、その子法人は未だ単体納税申告書の提出義務がある法人には該当しないため、申告期限延長特例申請書が提出できる法人にあたらないからです（法法75の２①）。

なお、離脱日の属する事業年度以後の事業年度については、その事業年度終了の日までに申請書を提出すれば、申告期限を延長することができます（法法75の２①③）。

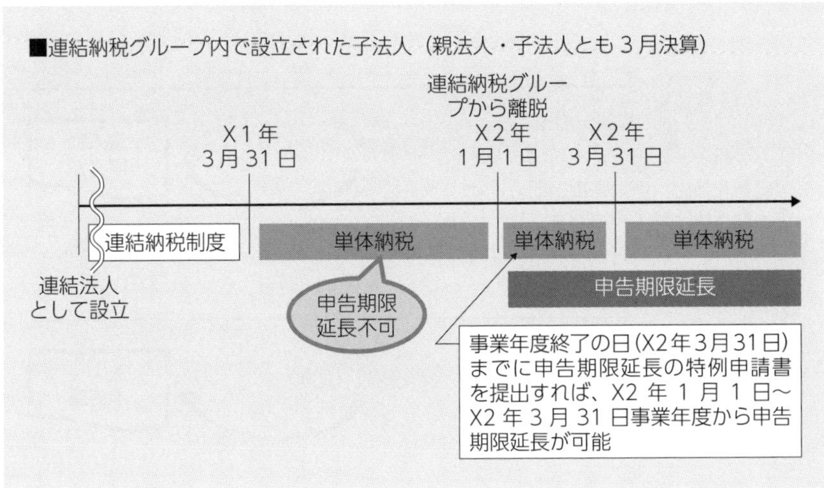

グループ通算制度

①　申告期限の原則と特例

グループ通算制度においては、各法人それぞれが自社の所轄税務署長に対し法人税申告書を提出します。申告期限は原則として事業年度終了の日の翌日から２ヶ月以内ですが、親法人が事業年度終了の日の翌日から45日以内に所轄税務署長に対し申請書を提出することにより、グループ内の全法人の法人税の申告期限を２ヶ月延長することができます（新法法75の２⑪一）。子法人はこの申請書を提出することはできません(新法法75の２⑪三)。親法人に対して延長の処分があった場合には、全ての子法人について処分があったものとみなされます（新法法75の２⑪二)。

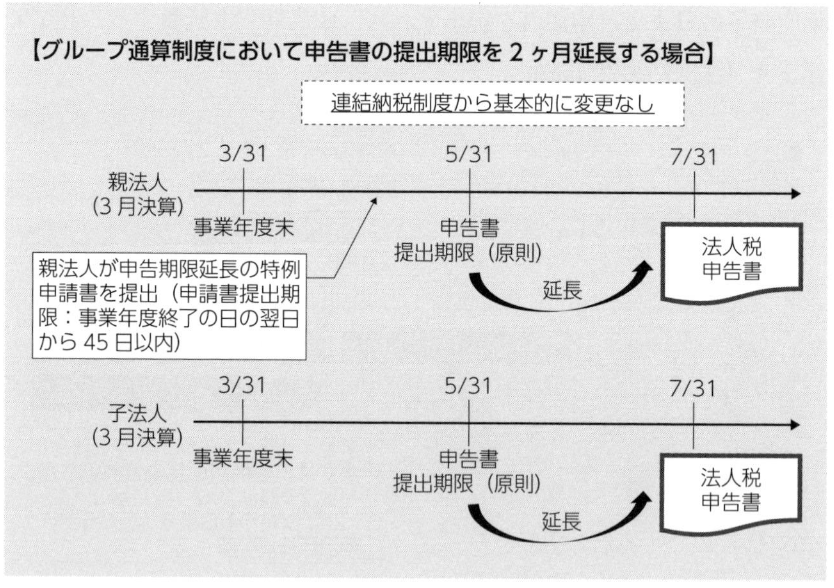

なお、グループ通算制度開始又は加入前の事業年度において法人税の申告期限を延長していたとしても、その効力は、グループ通算制度開始

又は加入により失われます（新法法75の２⑪五）。したがって、親法人が延長の手続きをしない場合は、グループ全社が原則通り２ヶ月以内に申告書を提出しなければならないことに注意が必要です。

②　グループ通算制度開始又は加入時の手続き

グループ通算制度開始時には、①に記載した通り親法人が申請することによりグループ内の全法人の法人税の申告期限を延長できます。子法人が申告期限を延長している通算グループに加入する場合は、その子法人の申告期限についても自動的に延長されたものとみなされます（新法法75の２⑪二）。

③　連結納税制度からの移行に伴う経過措置

連結納税制度からグループ通算制度に移行する法人に対しては、連結納税制度において適用を受けていた延長制度が、グループ通算制度においてもそのまま適用されます（新法法改正附則34）。

15 青色申告制度との関係

Point

- 連結納税申告書に青色申告・白色申告の区別はありません。連結納税グループ内で設立された子法人は設立時に青色申告承認申請書を提出できないため、離脱時には忘れずに申請する必要があります。
- グループ通算制度は青色申告を前提とした制度です。通算グループ内で設立された子法人は青色申告の承認を受けたものとみなされます。

連結納税制度

①　連結納税申告書と青色申告

実は、連結納税制度には青色申告・白色申告の区別がありません。

連結法人には青色申告法人と同等の帳簿書類の備え付けが義務付けられており、帳簿の備え付けが適正に行われる見込みがない場合には、国税庁長官は連結納税の承認申請を却下できることとされています（法法4の3②三ロ、4の4①)。連結納税の承認を受けているということは、青色申告の承認と同等の基準をクリアしているということであり、連結法人をわざわざ青色申告法人と白色申告法人に区別する必要がないのです。

②　連結納税グループからの離脱時の手続き

連結納税開始又は加入前の事業年度において青色申告の承認を受けていた場合には、その効力は、連結納税グループ離脱後も引き続き有効です。したがって、連結納税離脱後に青色申告承認申請書を改めて提出する必要はありません。

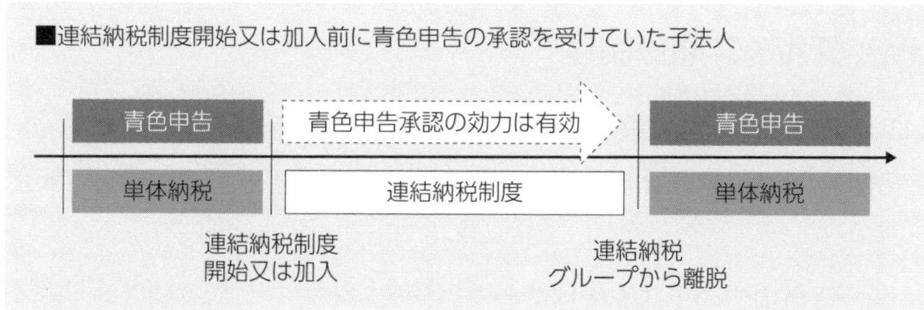

（注）連結納税グループ内で設立された子法人の場合

既に連結納税を開始しているグループ内で100％出資して設立された法人は、設立とともに連結子法人になります。連結法人として設立された子法人は、設立時に青色申告の承認申請書を提出することができません（法法122①）。提出したとしても、その申請は無効になります（国税庁「連結納税制度Q&A（平成29年３月）　問19」）。

したがって、連結法人として設立された子法人は、連結納税グループを離脱して単体納税を行う際に申請書を提出する必要があります。離脱直前のみなし事業年度から青色申告の適用を受ける場合の承認申請期限は、離脱日から起算して２ヶ月を経過する日の前日までとなります（法法122②五）。

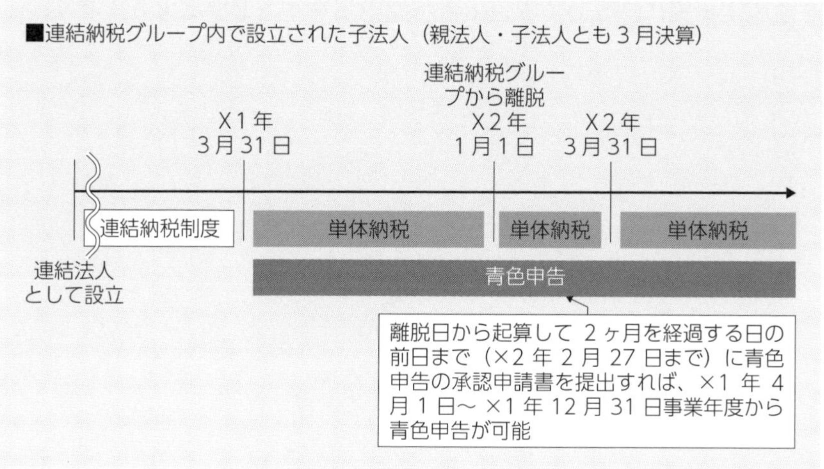

グループ通算制度

①　グループ通算制度と青色申告

グループ通算制度は、以下の通り青色申告を前提とした制度とされています。

(a)　青色申告の承認を受けていない法人がグループ通算制度の承認を受けた場合には、青色申告の承認を受けたものとみなす（新法法125②）。

(b)　グループ通算制度の承認を受けている法人は、青色申告の取り止めをできないこととする（新法法128）。

(c)　青色申告の承認の取り消し通知を受けた場合には、その通知を受けた日からグループ通算制度の承認の効力を失うこととする（新法法64の10⑤）。

②　通算グループからの離脱時の手続き

グループ通算制度は青色申告を前提とした制度となっていますので、上記①(a)により、通算グループ内で設立された子法人は青色申告の承認を受けたものとみなされます。したがって、その子法人が通算グループを離脱する際に、改めて青色申告承認申請をする必要はありません。

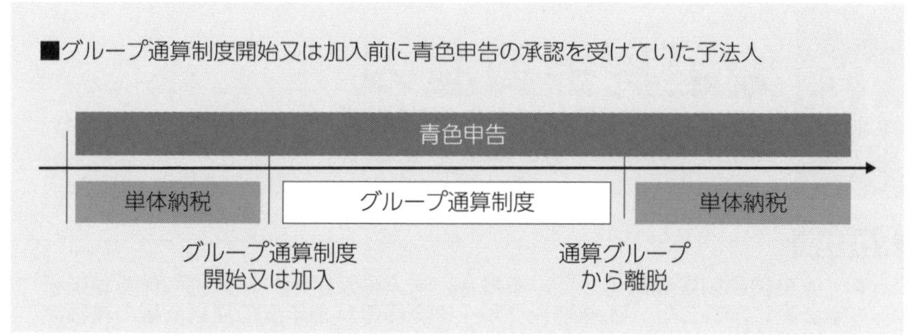

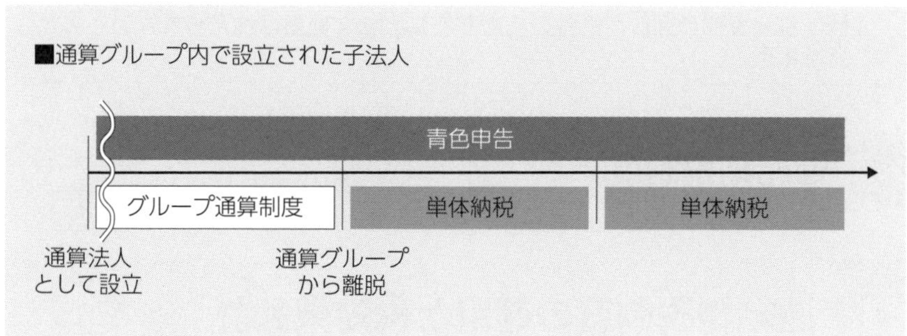

③　連結納税制度から移行した場合

P133で解説した通り、連結納税グループ内で設立された子法人は、設立時に青色申告承認申請書を提出していませんが、そのグループがグループ通算制度に移行した場合には、その子法人は、グループ通算制度が適用される最初の事業年度開始の日において青色申告の承認があったものとみなされます（新法法125②）。

16 繰延税金資産の回収可能性判断

Point

- 連結納税制度を適用している場合、法人税及び地方法人税に係る繰延税金資産については、連結納税グループ全体の将来年度の課税所得の見積額も考慮の上、回収可能性の判断を行います。
- グループ通算制度における税効果会計のルールは今後公表されますが、繰延税金資産の回収可能性の判断基準に大きな変更は加えられないものと考えます。

連結納税制度

1 連結納税制度の適用と税効果会計

連結納税制度を適用すると、繰延税金資産の回収可能性の判断において有利に働くことがあります。

例えば、親法人が純粋持株会社で主な収入が子法人からの配当である場合、税務上の課税所得が常にマイナスになり、親法人単独では繰延税金資産の回収可能性はないという判定になります。仮にこのグループ全体では黒字である場合に連結納税制度を適用すると、親法人で生じた欠損金がグループ全体の法人税等を減少させる効果があるという判定になり、親法人で繰延税金資産を計上できることになります。

連結納税制度を採用することによるグループ全体の税負担減少効果と、このような税効果会計上のメリットを享受することを目的に、連結納税制度を採用する企業グループも多くあります。

2 制度概要

①　繰延税金資産の回収可能性の判断基準

現行の会計基準では、将来の納付税額を減額することが確実に見込まれる金額を限度として繰延税金資産を計上する考え方を採用しています。繰延税金資産が将来の納付税額を減額する効果を有するためには、その繰延税金資産に係る将来減算一時差異等が解消する年度において、課税所得の発生が見込まれなければなりません。

将来年度の課税所得の見積額による繰延税金資産の回収可能性は、過去の業績等の状況を基礎として、次頁の会社分類に基づき判断を行うことになります。

【会社分類と回収可能性の判断】

会社分類	具体的状況	回収可能性の判断
分類①	・過去（３年）及び当期の全てで、期末における将来減算一時差異を十分に上回る課税所得が生じている ・経営環境に著しい変化が見込まれない	繰延税金資産の全額が回収可能
分類②	・過去（３年）及び当期の全てで、臨時的な原因により生じたものを除いた課税所得が、期末における将来減算一時差異を下回るものの、安定的に生じている ・当期末において経営環境に著しい変化が見込まれない ・過去（３年）及び当期のいずれの事業年度でも重要な税務上の欠損金が生じていない	解消時期が不明な将来減算一時差異に係る繰延税金資産以外は回収可能
分類③	・過去（３年）及び当期において、臨時的な原因により生じたものを除いた課税所得が大きく増減している ・過去（３年）及び当期のいずれの事業年度においても重要な税務上の欠損金が生じていない	概ね５年以内の課税所得見積額の範囲で回収可能
分類④	次のいずれかの要件を満たし、かつ、翌期において一時差異等加減算前課税所得が生じることが見込まれる ・過去（３年）又は当期において、重要な税務上の欠損金が生じている ・過去（３年）において、重要な税務上の欠損金の繰越期限切れとなった事実がある ・当期末において、重要な税務上の欠損金の繰越期限切れが見込まれる	翌期の課税所得見積額の範囲で回収可能
分類⑤	・過去（３年）及び当期の全てで、重要な税務上の欠損金が生じている ・翌期においても重要な税務上の欠損金が生じることが見込まれる	繰延税金資産の全額が回収不能

②　連結納税制度特有の回収可能性の判断基準

連結納税制度を適用する場合の法人税及び地方法人税に係る税効果会計の取扱いは、企業会計基準委員会から公表されている実務対応報告第５号「連結納税制度を適用する場合の税効果会計に関する当面の取扱い（その１）」、及び、実務対応報告第７号「連結納税制度を適用する場合の税効果会計に関する当面の取扱い（その２）」に示されています。

連結納税制度では、法人税及び地方法人税は連結納税グループを一体として計算を行います。そのため、法人税及び地方法人税に係る繰延税金資産については、連結納税グループ全体の将来年度の課税所得の見積額も考慮の上、回収可能性の判断を行います（法人住民税や事業税等については、各社の課税所得の見積額で判断します）。

これにより、連結納税制度を採用している場合、連結納税会社の個別財務諸表上、将来減算一時差異に係る繰延税金資産の回収可能性は、連結納税グループ全体の会社分類と各社単独の会社分類のうち、より上位にある会社分類により判断することになります。その結果、単体納税の場合と比較すると、少なくとも同額かそれ以上の繰延税金資産が計上できることになります。

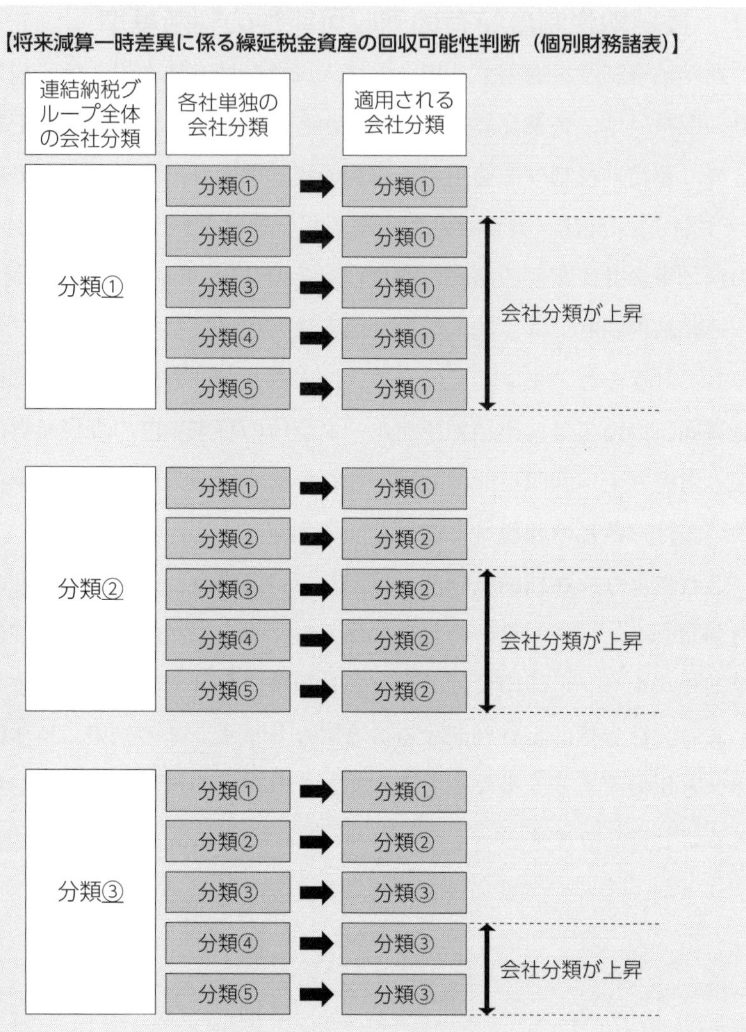
【将来減算一時差異に係る繰延税金資産の回収可能性判断（個別財務諸表）】
連結納税グループ全体の会社分類
各社単独の会社分類
適用される会社分類
分類①
分類① → 分類①
分類② → 分類①
分類③ → 分類①
分類④ → 分類①
分類⑤ → 分類①
会社分類が上昇
分類②
分類① → 分類①
分類② → 分類②
分類③ → 分類②
分類④ → 分類②
分類⑤ → 分類②
会社分類が上昇
分類③
分類① → 分類①
分類② → 分類②
分類③ → 分類③
分類④ → 分類③
分類⑤ → 分類③
会社分類が上昇

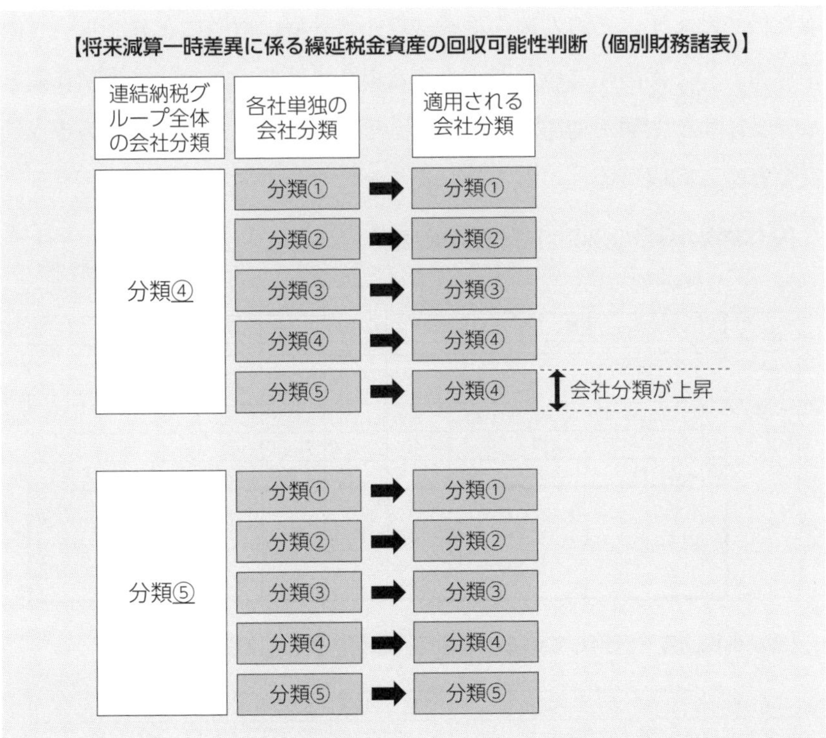

③　回収可能見込額の計算

P34で解説した通り、連結納税制度では、連結法人税額とともに「連結法人税個別帰属額」を計算します。連結法人税個別帰属額とは、グループ全体の連結法人税額を各社に割り振った金額で、いわば各社の負担額です。所得がプラスの法人にはプラスの負担額が、所得がマイナスの法人にはマイナスの負担額が割り振られます。地方法人税の負担額についても同様です。計算された各社の負担額は、通常グループ内で精算を行い、所得がプラスの法人は負担額を拠出し、所得がマイナスの法人はマイナスの負担額を受領できます。

この連結法人税個別帰属額のグループ内精算額は、税金そのものではないものの、繰延税金資産の回収可能性の判断においては税金と同様に取り扱われます。そのため、将来減算一時差異の解消によりグループ内精算額として拠出する金額が減少する場合、及び、グループ内精算額として受領する金額が増加する場合は、その将来減算一時差異に係る繰延税金資産は回収可能性があるということになります。

【単体納税の場合の回収可能見込額の計算】

※法人税のみで計算

			P社	S1社	S2社	合計	備考
X1年末	①	将来減算一時差異	△ 500	△ 100	0		
X2年の回収可能見込額の計算	②	所得見積額 (将来減算一時差異を減算する前)	100	100	1,000		
	③	将来減算一時差異の解消見込額	△ 500	△ 100	0		
	④	③減算後の所得見積額	△ 400	0	1,000		
	⑤	法人税額	0	0	230	230	④×法人税率23%
	⑥	回収可能見込額	100	100	0	200	将来減算一時差異のうち、②と相殺することで法人税額が減少する効果がある部分の金額

【連結納税制度を適用しているの場合の回収可能見込額の計算】

※法人税のみで計算

			P社	S1社	S2社	合計	備考
X1年末	①	将来減算一時差異	△ 500	△ 100	0	△ 600	
X2年の回収可能見込額の計算	②	個別所得見積額 (将来減算一時差異を減算する前)	100	100	1,000	1,200	
	③	将来減算一時差異の解消見込額	△ 500	△ 100	0	△ 600	
	④	③減算後の個別所得見積額	△ 400	0	1,000	600	
	⑤	連結法人税額				138	④×法人税率23%
	⑥	連結法人税個別帰属額 (グループ内で授受する金額) (プラスは拠出、マイナスは受領)	△ 92	0	230		④×法人税率23%
	⑦	個別所得見積額による回収可能見込額	100	100	0	200	単体納税と同額
	⑧	グループ内受領額の所得換算額による回収可能見込額	400	0	0	400	グループ内精算額として受領する金額が増加⇒回収可能性あり
	⑨	回収可能見込額合計(⑦+⑧)	500	100	0	600	グループ全体で単体納税より増加

所得換算

(注) 連結納税グループ全体の所得見積額がグループ全体の将来減算一時差異を解消するのに十分でない場合等は、連結財務諸表において連結納税グループ全体の回収可能見込額まで減額する修正を行います。

グループ通算制度

連結納税制度からグループ通算制度への改正に伴い、企業会計基準委員会では、実務対応報告第５号「連結納税制度を適用する場合の税効果会計に関する当面の取扱い（その１)」、及び、実務対応報告第７号「連結納税制度を適用する場合の税効果会計に関する当面の取扱い（その２)」の改廃を行うとしています。グループ通算制度に対応する新たな会計基準は令和３年３月までの公表を目標としているとのことです。

グループ通算制度においても、グループ内で損益通算や非特定欠損金の一体計算が可能であることは連結納税制度と同様です。したがって、グループ内で通算税効果額（グループ通算制度を適用することにより減少する法人税等の額に相当する金額としてグループ内で授受される金額P37参照）の授受が行われることを前提とすると、繰延税金資産の回収可能性の判断基準に大きな変更は加えられないものと考えます。

ただし、Ｐ38で解説した通り、グループ通算制度では、通算税効果額の計算自体が法人税法において要請されているわけではなく、グループ通算制度の法人税申告書は通算税効果額を計算する様式にならない可能性が高いと考えます。そうすると、各グループ独自に通算税効果額の算定ルールを定める必要が生じることになります。そのルールによっては、繰延税金資産の回収可能性の判断にも影響することになるため、今後、国税庁Q&A等により計算指針の提供があるのか、あるいは、会計基準等に計算例が記載されることになるのかについては、動向を注視する必要があると考えます。

Ⅲ．グループ通算制度を勧めるか否かの判断

1 主な特徴の比較

連結納税制度とグループ通算制度の主な特徴をまとめると、以下の表の通りです。

【連結納税制度とグループ通算制度の主な特徴の比較】

項目	連結納税制度	グループ通算制度	
グループ内損益通算の効果	あり	あり	変更なし
グループ内非特定（連結）欠損金通算の効果	あり	あり	変更なし
税務調査時の事務負担	所得が異動した場合の事務負担が大きい（全社で地方税の修正申告・更正の請求）	グループ内の一の法人の所得が異動しても、原則としてその影響は遮断される（異動した法人のみ修正申告・更正の請求）	☺
申告書作成時の事務負担	全体計算項目が多い	全体計算項目の削減	☺
中小企業向け特例	連結親法人が中小企業である場合は原則として適用あり	グループ内に一社でも中小企業以外の法人がある場合には、グループ全社で適用なし	☹
親法人の開始前の欠損金	連結納税グループ全体で使用可（非特定連結欠損金）	親法人の所得限度で控除可（特定欠損金）	☹
子法人の時価評価	一定の要件に該当しない場合は時価評価	時価評価対象子法人の範囲が縮小	☺
子法人の開始・加入前の欠損金	一定の要件に該当しない場合は切捨て	欠損金が切り捨てられる子法人の範囲が縮小	☺
欠損金等に関するその他の制限措置	開始・加入後に生じた欠損金は制限なし。グループ全体で使用可	５年超の支配関係・設立からの支配関係又は共同事業性がない場合は制限あり（支配関係発生前から有する資産に係る含み損の実現損からなる欠損金は、損益通算の対象外とした上で特定欠損金とする　等）	☹
繰延税金資産の回収可能性	単体納税の場合と比較すると回収可能額が増加する（法人税・地方法人税に係る部分）	単体納税の場合と比較すると回収可能額が増加する（法人税・地方法人税に係る部分）	変更なし

☺＝法人にとってプラス方向の改正
☹＝法人にとってマイナス方向の改正

2 グループ通算制度は使いやすくなったのか？

連結納税制度と比較してグループ通算制度が使いやすくなったのかどうかは、法人の規模により捉え方が異なると考えます。

概要をまとめると、以下の図の通りです。

【グループ通算制度は使いやすくなったのか】

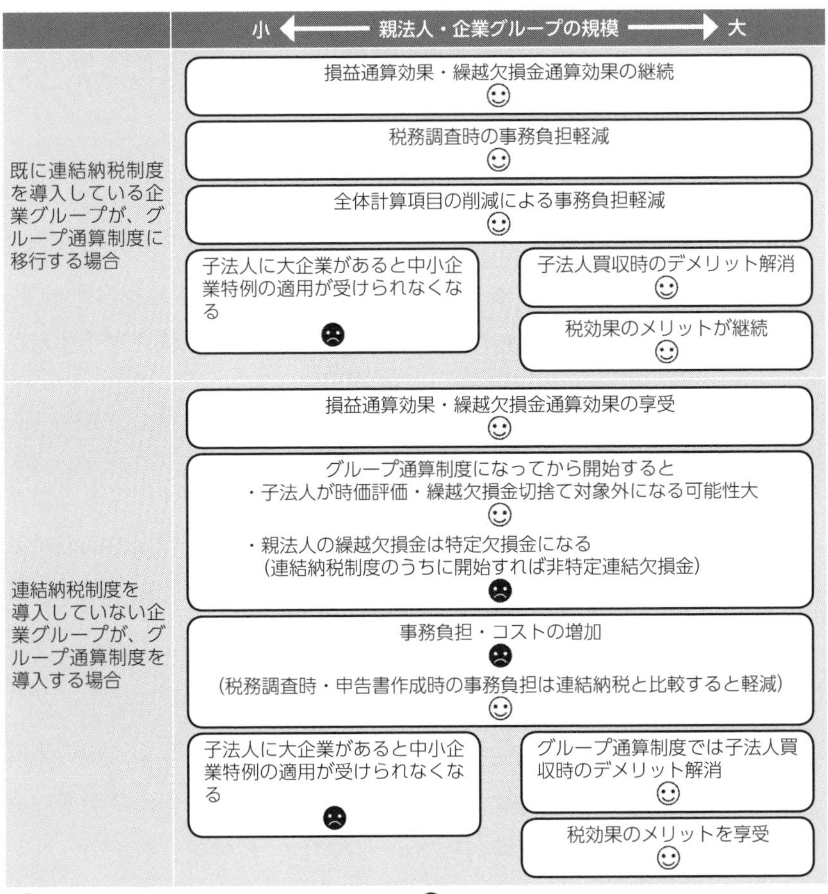

小
親法人・企業グループの規模
大
既に連結納税制度を導入している企業グループが、グループ通算制度に移行する場合
損益通算効果・繰越欠損金通算効果の継続
税務調査時の事務負担軽減
全体計算項目の削減による事務負担軽減
子法人に大企業があると中小企業特例の適用が受けられなくなる
子法人買収時のデメリット解消
税効果のメリットが継続
連結納税制度を導入していない企業グループが、グループ通算制度を導入する場合
損益通算効果・繰越欠損金通算効果の享受
グループ通算制度になってから開始すると
・子法人が時価評価・繰越欠損金切捨て対象外になる可能性大
・親法人の繰越欠損金は特定欠損金になる
（連結納税制度のうちに開始すれば非特定連結欠損金）
事務負担・コストの増加
（税務調査時・申告書作成時の事務負担は連結納税と比較すると軽減）
子法人に大企業があると中小企業特例の適用が受けられなくなる
グループ通算制度では子法人買収時のデメリット解消
税効果のメリットを享受

☺＝メリット継続　改正によりデメリット解消　☹＝改正によりメリット消滅　デメリットの継続

1　大企業から見たグループ通算制度

大企業グループにとっては、グループ通算制度は連結納税制度よりも格段と使いやすくなったと言え、導入するグループが増加するものと考えます。現行制度のうちに連結納税制度を開始すれば、親法人の繰越欠損金は非特定連結欠損金となり、グループ通算制度移行後もグループ全体で使用できる欠損金となるため、連結納税制度の駆け込み導入も多くなると予想されます。

①　連結納税制度を導入している大企業から見たグループ通算制度

（a）損益通算等による税負担減少効果（P 36、P 45参照）

グループ通算制度においても、グループ内で損益通算や非特定欠損金の一体計算が可能であることは連結納税制度と同様です。したがって、グループ通算制度に移行すれば、税負担減少効果を引き続き享受することができます。

（b）税効果会計上のメリット（P 143参照）

グループ通算制度に対応する新たな会計上のルールは今後公表されますが、連結納税制度とグループ通算制度とで、繰延税金資産の回収可能性の判断基準に大きな変更はないものと考えられます。したがって、グループ通算制度に移行すれば従来の税効果会計上のメリットが引き続き継続することになります。

逆に、グループ通算制度に移行せず単体納税に戻るとなると、従来計上できていた繰延税金資産の取り崩しが発生する企業グループが多いものと考えます。もともと上場企業グループでは、税効果会計上のメリットを享受することを目的に連結納税制度を導入しているグループも多いことから、改正を機に連結納税制度を取り止めるという意思決定がされるグループは少ないものと考えます。

（c）子会社買収時のデメリットの解消（P60参照）

グループ通算制度は、連結納税制度と比較すると、子法人加入時の時価評価及び繰越欠損金切捨て対象が縮小されます。買収した子法人が連結納税グループに加入する際の時価評価や繰越欠損金の切捨ては、連結納税制度導入のデメリットのひとつとされていましたが、グループ通算制度ではこのデメリットが大幅に緩和されます。企業買収の可能性があるグループにとっては、使い勝手が良い制度になるといえます。

（d）事務負担

事務負担は単体納税に戻った方が軽くはなりますが、現状の連結納税制度下で業務フローを既に構築済であれば、全く問題なくグループ通算制度へ移行できるものと考えます。グループ通算制度に移行後は、税務調査時の事務負担が大きく軽減されるため、制度を選択しているデメリットは減少すると考えます。

②　単体納税の大企業から見たグループ通算制度

（a）損益通算等による税負担減少効果（P36、P45参照）

グループ通算制度を導入すれば、グループ内損益通算や非特定欠損金の一体計算により、グループ全体の税負担減少効果を享受することができます。

（b）税効果会計上のメリット（P143参照）

グループ通算制度に対応する新たな会計上のルールは今後公表されますが、連結納税制度とグループ通算制度とで、繰延税金資産の回収可能性の判断基準に大きな変更はないものと考えられます。したがって、グループ通算制度を導入すると、単体納税の場合よりも多くのケースで繰延税金資産計上額が増加することから、制度導入により税効果会計上のメリットを享受することができます。

(c) 子会社買収時のデメリットの解消(P60参照)

グループ通算制度は、連結納税制度と比較すると、子法人加入時の時価評価及び繰越欠損金切捨て対象が縮小されます。買収した子法人が連結納税グループに加入する際の時価評価や繰越欠損金の切捨ては、連結納税制度導入のデメリットのひとつとされていましたが、グループ通算制度ではこのデメリットが大幅に緩和されます。企業買収の可能性があるグループにとっては、使い勝手が良い制度になるといえます。

(d) 開始時の子法人の時価評価・繰越欠損金(P60参照)

連結納税制度と比較すると、グループ通算制度開始時の時価評価及び繰越欠損金切捨て対象の子法人の範囲が縮小され、連結納税制度のデメリットが大幅に緩和されます。

(e) 親法人の開始前の繰越欠損金の取扱い(P68参照)

連結納税制度とグループ通算制度とでは、親法人の開始前の繰越欠損金の取扱いに大きな違いがあります。グループ通算制度においては親法人の繰越欠損金も、その後の事業年度では親法人の所得限度でしか控除できなくなります。

現行制度のうちに連結納税制度を開始すれば、親法人の繰越欠損金は非特定連結欠損金となるため、グループ通算制度移行後もグループ全体で使用できる欠損金として取り扱われます。制度導入を検討している企業グループは、上記(d)の時価評価及び繰越欠損金の切捨て対象子法人の範囲に関する改正による影響も勘案し、制度導入の時期についても慎重に検討する必要があるでしょう。

(f) 事務負担・コストの増加

グループ通算制度を導入した場合、事務負担や税務関連コストの増加は避けられません。ただし、連結納税制度と比較すると税務調査時の事務負担は大きく軽減されるため、制度を導入するデメリットは減少すると考えます。

2　中小企業グループから見たグループ通算制度

政府税制調査会の第２回連結納税制度に関する専門家会合資料には、「制度を簡素化し、企業グループの事務処理能力の差が連結納税の選択に与える影響を最小化することは、同様の経営を行っている企業グループ間での課税の中立性・公平性の確保にも資するのではないか」と記載されています。

グループ内損益通算等の税務メリットがあるにもかかわらず中小企業で制度導入が進まないのは、導入による事務負担が重すぎるからではないか、制度を簡素化すれば人的資源に乏しい中小企業も容易に導入できるようになり、企業間の課税の公平性が増すのではないかという観点から、連結納税制度の改正議論が進められました。しかしながら、中小企業グループから見たグループ通算制度は、連結納税制度と同様に導入のハードルは高いままであり、導入する企業グループが劇的に増加することはあまり期待できないのではないかと思料します。

①　連結納税制度を導入している中小企業からみたグループ通算制度

（a）損益通算等による税負担減少効果（P 36、P 45参照）

グループ通算制度においても、グループ内で損益通算や非特定欠損金の一体計算が可能であることは連結納税制度と同様です。したがって、グループ通算制度に移行すれば、税負担減少効果を引き続き享受することができます。

（b）中小企業向け特例（P 50参照）

グループ通算制度においては、グループ内に一社でも中小企業以外の法人がある場合には、グループ全社で中小企業向け特例の適用が受けられなくなります。

繰越欠損金の控除額や留保金課税適用の有無等、中小企業向け特例の適用が受けられないとなると、納税額に直接影響を受けることになります。現行の連結納税制度において中小企業向け特例の適用を受けている企業グループは、グループ通算制度への移行による影響について検証を行う必要があります。

（c）事務負担

事務負担は単体納税に戻った方が軽くはなりますが、現状の連結納税制度下で業務フローを既に構築済であれば、全く問題なくグループ通算制度へ移行できるものと考えます。グループ通算制度に移行後は、税務調査時の事務負担が大きく軽減されるため、制度を選択しているデメリットは減少すると考えます。

②　単体納税の中小企業から見たグループ通算制度

（a）損益通算等による税負担減少効果（P 36、P 45参照）

グループ通算制度を導入すれば、グループ内損益通算や非特定欠損金の一体計算により、グループ全体の税負担減少効果を享受することができます。

（b）開始時の子法人の時価評価・繰越欠損金（P 60参照）

連結納税制度と比較すると、グループ通算制度開始時の時価評価及び繰越欠損金切捨て対象の子法人の範囲が縮小され、連結納税制度のデメリットが大幅に緩和されます。

（c）親法人の開始前の繰越欠損金の取扱い（P 68参照）

連結納税制度とグループ通算制度とでは、親法人の開始前の繰越欠損金の取扱いに大きな違いがあります。グループ通算制度においては親法人の繰越欠損金も、その後の事業年度では親法人の所得限度でしか控除できなくなります。

現行制度のうちに連結納税制度を開始すれば、親法人の繰越欠損金は非特定連結欠損金となるため、グループ通算制度移行後もグループ全体で使用できる欠損金として取り扱われます。制度導入を検討している企業グループは、上記（b）の時価評価及び繰越欠損金の切捨て対象子法人の範囲に関する改正による影響も勘案し、制度導入の時期についても慎重に検討する必要があるでしょう。

（d）中小企業向け特例（P50参照）

グループ通算制度においては、グループ内に一社でも中小企業以外の法人がある場合には、グループ全社で中小企業向け特例の適用が受けられません。

グループ内に中小企業以外の法人がある場合には、グループ通算制度を導入することによる損益通算等に伴う税負担減少の効果額と、中小企業向け特例の適用が受けられなくなる影響額について検証を行う必要があります。

（e）事務負担・コストの増加

グループ通算制度を導入した場合、事務負担や税務関連コストの増加は避けられません。特に中小企業グループの場合は、損益通算等によるメリットよりも、制度を導入することによる事務負担の増加（決算申告スケジュールの統一･前倒し、業務フロー変更、情報共有体制の構築等）や、税務関連コストの増加（申告書作成システムの新規導入費用・税務部門人件費・税理士報酬等の増加）によるデメリットの方が相対的に大きくなる傾向があるため、慎重な検討が必要です。

3 改正に伴う検討課題と留意点

連結納税制度を導入済企業グループ・導入していない企業グループ別に、制度改正に伴う検討時の着眼点、検討の手順、留意点等をまとめると、次の通りです。

連結納税制度を導入済の企業グループ

1 連結納税制度を導入済の企業グループの検討課題

① グループ通算制度に移行するか、改正を機に取り止めるか

●グループ通算制度への移行を検討すべきケース

・グループ内に赤字体質の法人がある、又は業績悪化が見込まれる法人がある（損益通算のメリットが享受できる）

・連結納税制度の取り止めに伴う繰延税金資産の取崩しによるデメリットが大きい

●取り止めを検討すべきケース

・グループ内に赤字体質の法人がない（損益通算のメリットがない）

・親法人の繰越欠損金をグループ全体で使用するために連結納税を開始したが、既にその欠損金を使い切っている

・中小企業向け特例の適用が受けられなくなるデメリットが大きい

② 検討の手順

●グループ通算制度に移行した場合と取り止めた場合のシミュレーションの実施

・税負担額の比較（損益通算効果の有無・外国税額控除及び試験研究費の税額控除の全体計算の有無・中小企業向け特例適用の有無による影響額）

・繰延税金資産の回収可能性判断に与える影響の検証

●グループ通算制度に移行した場合と取り止めた場合の事務負担・コストの比較

・全体計算項目が減少したとはいえ、グループ通算制度は全社で足並みを揃えて申告作業を行う必要があるため、単体納税の方が事務負担は軽い

・法人税申告書作成システムにかかる費用、税務部門の人員配置に及ぼす影響につき検討が必要

③　グループ通算制度に移行する場合の留意点

●加入予定子法人がある場合の、加入時期による影響
・連結納税制度とグループ通算制度では、子法人加入時の時価評価・繰越欠損金切捨て対象子法人の範囲が異なる。
・グループ通算制度ではみなし事業年度を年単位にできる特例があるため、事務負担が軽減される

●離脱予定子法人がある場合の、離脱時期による影響
・投資簿価修正制度の改正により、子法人株式の離脱直前帳簿価額の算定方法が改正される。詳細は法人税法施行令に規定されるため、公表され次第確認が必要
・グループ通算制度では子法人離脱時の時価評価制度が創設される。対象となる子法人は多くはないと思われるものの、適用の有無について確認が必要
・グループ通算制度では離脱直後のみなし事業年度を旧親法人に合わせる必要がないため、事務負担が軽減される

④　グループ通算制度に移行しない（連結納税制度を取り止める）場合の留意点（後述２参照）

●届出書の提出
・令和４年４月１日以後最初に開始する事業年度開始の日の前日までに届出書を提出（令和４年４月１日以後最初に開始する事業年度から単体納税に戻る）

●連結納税グループ内で設立された子法人がある場合
・青色申告承認申請書・申告期限延長の特例申請書の提出が必要

2　グループ通算制度に移行しない（連結納税制度を取り止める）場合の留意点

①　取り止めの届出書の提出

令和４年４月１日以後最初に開始する事業年度開始の日の前日までに届出書を提出することにより、グループ通算制度に移行しない（連結納税制度の適用を取り止める）ことができます。この場合、令和４年４月１日以後最初に開始する事業年度から単体納税に戻ります。

親法人の繰越欠損金をグループ全体で使用するために連結納税を開始したが既にその欠損金を使い切っているグループや、グループ通算制度に移行すると中小企業向け特例の適用が受けられなくなることによる影響が大きいグループ等、グループ通算制度に移行するメリットがない場

合には、期限までに忘れずに届出書を提出する必要があります。

なお、単体納税に戻れるのは、令和４年４月１日以後最初に開始する事業年度からです。それ以前に連結納税制度の取り止めが認められるのは、原則通り、やむを得ない事情がある場合で国税庁長官の承認を受けたときに限られます。

②　連結納税グループ内で設立された子法人がある場合

既に連結納税を開始しているグループ内で100％出資して設立された子法人は、設立とともに連結子法人になります。連結法人として設立された子法人は、設立時に青色申告の承認申請書、及び、法人税の申告期限延長の特例申請書を提出することができません（P128、P133参照）。したがって、連結納税制度を取り止める際にこれらの申請書を提出する必要があります。

令和４年４月１日以後最初に開始する事業年度から青色申告の適用を受ける場合の承認申請期限は、その事業年度開始の日以後３ヶ月を経過した日とその事業年度終了の日のうちいずれか早い日の前日までとされています（新法法改正附則36②）。

また、令和４年４月１日以後最初に開始する事業年度から申告期限の延長の特例の適用を受ける場合の申請期限は、原則通り、その事業年度終了の日までとなります（新法法75の２③）。同時に、事業税等及び法人住民税の申告期限延長手続きも必要です。

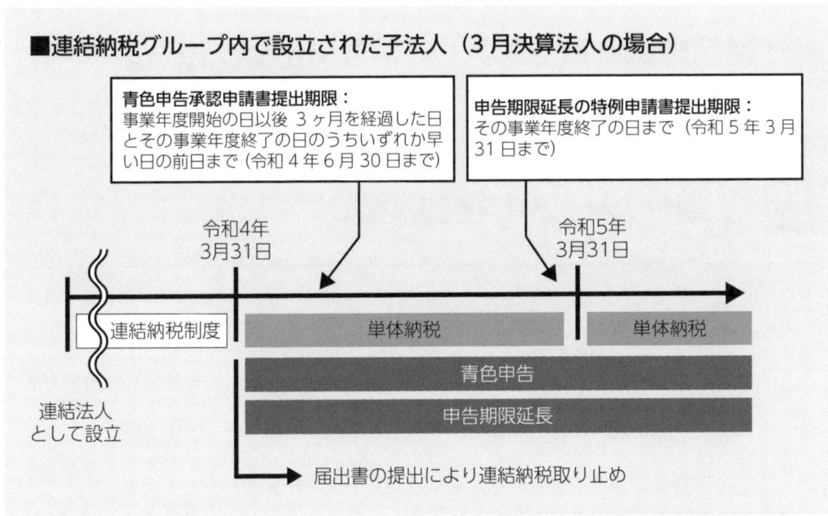

なお、連結納税開始又は加入前の事業年度において青色申告の承認を受けていた場合、又は、申告期限を延長していた場合には、その効力は引き続き有効です（P128、P132参照）。したがって、連結納税取り止めに伴い改めて手続きを行う必要はありません。

連結納税制度を導入していない企業グループ

1 連結納税制度を導入していない企業グループの検討課題

① 検討の手順

- グループ通算制度を導入した場合のシミュレーションの実施
  - ・損益通算による税負担減少額はどのくらいか？
  - ・外国税額控除、試験研究費の税額控除の全体計算による税負担減少額はどのくらいか？
  - ・中小企業向け特例の適用がなくなる場合、それによる影響額はどのくらいか？
  - ・繰延税金資産の回収可能性判断に与える影響の検証
- 連結納税制度のうちに導入すべきか、グループ通算制度施行後に導入すべきか？
  - ・連結納税制度のうちに導入すれば親法人の開始前の繰越欠損金は非特定欠損金となる
  - ・グループ通算制度の方が時価評価対象・繰越欠損金切捨て対象となる子法人の範囲が狭い
- 導入による事務負担、コスト増はどのくらいか？
  - ・導入に伴い、決算申告作業のスケジュールにどのような影響があるか？
  - ・決算申告に係る業務フロー変更、情報共有体制の構築、制度に関するグループ内研修実施に伴う事務負担は？
  - ・経理・税務部門に新たな人員配置は必要か？
  - ・申告書作成システム導入費用、人件費、税理士報酬等のコスト増は？

② 制度導入の必要がないケース

- グループ内に赤字体質の法人がない（損益通算のメリットがない）
- 損益通算のメリットよりも、制度導入に伴って発生するコストの方が大きい

2 連結納税制度を経由してグループ通算制度を導入する場合の承認申請期限

現行制度のうちに連結納税制度を開始すれば、親法人の繰越欠損金は非特定連結欠損金となり、グループ通算制度移行後もグループ全体で使用できる欠損金になります。

連結納税の承認申請書の提出期限は、適用を開始しようとする事業年度開始の日の３ヶ月前までです。最も適用が早い３月決算法人は令和４年４月１日からグループ通算制度になり、その前事業年度（令和３年４月１日～令和４年３月31日事業年度）に連結納税を開始する場合の承認申請書提出期限は、令和２年12月末です。特に３月決算法人は導入検討を早急に開始する必要があるでしょう。

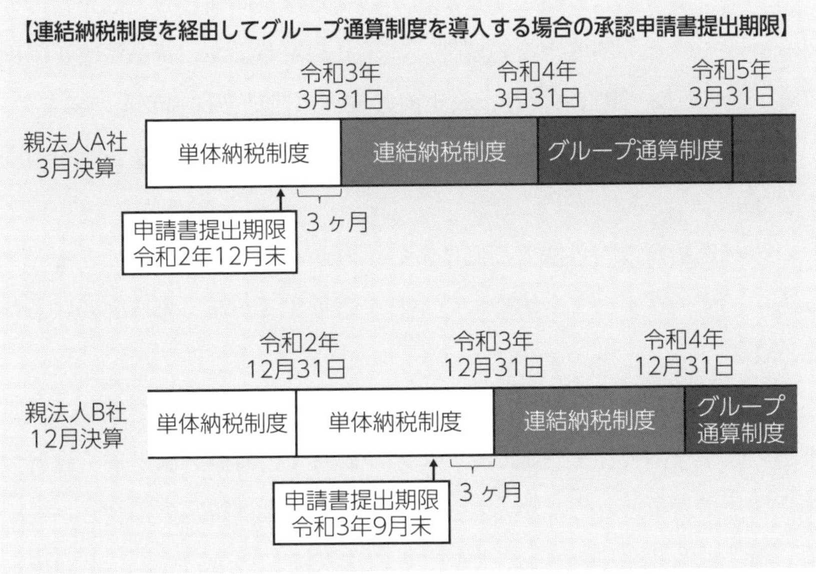

令和4年4月1日に開始・加入する場合限定の経過措置

以下の法人は、令和４年３月31日に終了する事業年度において保有する資産の時価評価を行います。また、その時点で有している繰越欠損金は切り捨てられます。

・親法人が３月決算法人（単体納税）で、令和４年４月１日にグループ通算制度を新たに開始する際に、時価評価法人に該当したグループ内法人

・親法人が３月決算法人（連結納税制度からグループ通算制度に移行）で、そのグループに令和４年４月１日に子法人が加入する際に、時価評価対象法人に該当した子法人

これらのケースで、令和４年３月31日において時価評価及び繰越欠損金切捨て対象法人に該当するか否かの判定は、原則として改正後の要件（グループ通算制度上の各要件）により判定します（新法法改正附則30①）。ただし、選択により、改正前の要件（連結納税制度上の各要件）による判定も可能とする経過措置が設けられています（新法法改正附則30③⑤）。

この経過措置は、各法人ごとに、いずれか有利な方を選択できるとするものです。グループ全体で、いずれを選択するか統一する必要はありません。

なお、この経過措置により改正前の要件で判定したか、あるいは、原則通り改正後の要件で判定したかにかかわらず、時価評価対象・繰越欠損金切捨て対象とならなかった法人の繰越欠損金は特定欠損金となります（新法法改正附則28④）。また、その法人は、P71で解説した繰越欠損金等に関するその他の制限措置の対象となることに注意が必要です（新法法改正附則20⑫、27②、28④、31②）。

【連結納税制度】

以下に該当しない場合は、時価評価及び繰越欠損金切捨て対象となる

<table>
<tr><th></th><th>親法人</th><th>子法人</th></tr>
<tr><td rowspan="3">連結納税制度開始時</td><td rowspan="3">無条件に
時価評価なし
欠損金切捨てなし</td><td>①親法人に長期（５年超）、直接・間接に100%保有されている子法人</td></tr>
<tr><td>②グループ内で設立された子法人</td></tr>
<tr><td>③適格株式交換等による完全子法人　など</td></tr>
<tr><td rowspan="2">連結納税制度加入時</td><td rowspan="2">－</td><td>①連結納税グループ内で設立された子法人</td></tr>
<tr><td>②適格株式交換等により加入した完全子法人　など</td></tr>
</table>

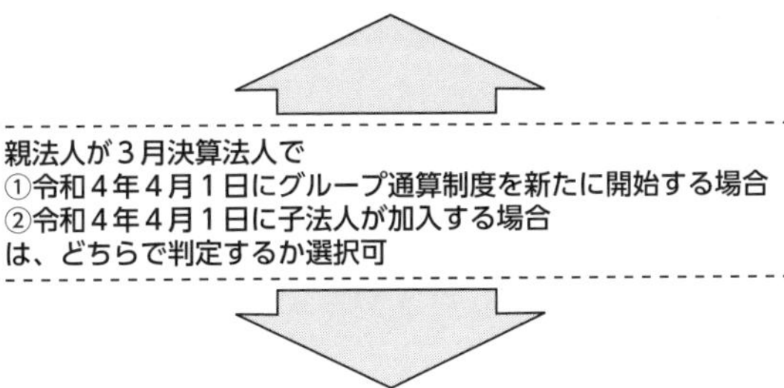
親法人が３月決算法人で
①令和４年４月１日にグループ通算制度を新たに開始する場合
②令和４年４月１日に子法人が加入する場合
は、どちらで判定するか選択可

【グループ通算制度】

以下に該当しない場合は、時価評価及び繰越欠損金切捨て対象となる

<table>
<tr><th></th><th colspan="2">親法人</th><th colspan="3">子法人</th></tr>
<tr><td>グループ通算制度開始時</td><td>いずれかの子法人との間に完全支配関係の継続が見込まれる親法人</td><td>☹</td><td colspan="2">親法人との間に完全支配関係の継続が見込まれる子法人</td><td>☺
☹</td></tr>
<tr><td rowspan="4">グループ通算制度加入時</td><td rowspan="4" colspan="2">－</td><td colspan="2">①通算グループ内で設立された子法人</td><td>変更なし</td></tr>
<tr><td colspan="2">②適格株式交換等により加入した完全子法人</td><td>変更なし</td></tr>
<tr><td>③加入直前に支配関係がある場合は、右の要件の全てを満たす子法人</td><td>ａ．親法人との間の完全支配関係の継続要件
ｂ．その子法人の従業者継続要件
ｃ．その子法人の主要事業継続要件</td><td>☺</td></tr>
<tr><td>④加入直前に支配関係がない場合は、右の要件の全てを満たす子法人</td><td>ａ．親法人との間の完全支配関係の継続要件
ｂ．その子法人の従業者継続要件
ｃ．その子法人の主要事業継続要件
ｄ．その子法人の主要な事業と通算グループ内のいずれかの法人の事業との事業関連性要件
ｅ．上記ｄの各事業の事業規模比５倍以内要件又はその子法人の特定役員継続要件</td><td>☺</td></tr>
</table>

☺＝法人にとってプラス方向の改正　　☹＝法人にとってマイナス方向の改正

【付録】

◆連結納税制度とグループ通算制度の比較表

項目	連結納税制度	グループ通算制度
適用対象	内国法人である親法人と、その親法人による完全支配関係がある全ての子法人（外国法人等を除く）	同左
納税単位	グループ全体を一つの納税単位とし、一体として親法人が申告	各法人それぞれを納税単位とする個別申告
選択の要否	選択制（承認申請書を期限内に提出）	同左
事業年度	親法人の事業年度に統一	同左
グループ内損益通算	損益通算を行う	損益通算を行う （但し、修正・更正により所得金額が事後的に異動しても、損益通算額は当初申告額に固定）
開始・加入時の時価評価	親法人：なし 子法人：特定連結子法人に該当しない場合は時価評価あり	親法人・子法人とも一定の要件を満たさない場合は時価評価あり
子法人離脱時の時価評価	なし	一定の場合はあり
開始・加入時の繰越欠損金	親法人:切捨てなし（非特定連結欠損金） 子法人:特定連結子法人は切捨てなし（特定連結欠損金）。特定連結子法人に該当しない法人は切捨て	親法人・子法人とも一定の要件を満たさない場合は切捨て 切り捨てられなかった欠損金は特定欠損金となる
欠損金等に関するその他の制限措置	制限措置なし	制限措置あり（親法人・子法人とも資産の含み損の実現による欠損金は損益通算の対象外とした上で特定欠損金とする等） 5年超の支配関係・設立以降の支配関係・共同事業性がある場合は制限措置なし
全体計算項目	受取配当、寄附金、所得税額控除、外国税額控除、試験研究費の税額控除、特定同族会社の留保金課税　等は全体計算	外国税額控除及び試験研究費の税額控除は全体計算。それ以外は個別計算に移行（取扱いが未定の項目あり）
中小企業向け特例	親法人が中小企業であれば適用可	グループ内の全法人が中小企業に該当する場合に限り適用可
再加入制限	子法人離脱後5年間は再加入制限あり	同左
取り止め事由	やむを得ない事由に限定	同左
電子申告義務	令和2年4月1日以後開始する事業年度から、親法人の資本金が1億円超の場合は電子申告義務あり（子法人の個別帰属額の届出書の一括提出可）	電子申告義務あり（子法人の申告も親法人の電子署名で一括提出可）
包括的租税回避防止規定	あり	同左
グループ内法人の連帯納付責任	あり	同左

【著者紹介】

あいわ税理士法人

代表社員　公認会計士・税理士　石川正敏

代表社員　　　　　　　税理士　杉山康弘

2002年11月、藍和共同事務所を母体として設立された税理士法人。多くの公認会計士・税理士を擁し、会計・税務コンサルティングをはじめ、株式公開支援、事業承継・相続コンサルティング、企業買収におけるデューデリジェンス業務、組織再編・連結納税支援サービスなどを提供している。

また、各種セミナーの開催、専門誌への情報提供なども積極的に行っている。

《本部》

〒108-0075

東京都港区港南2-5-3　オリックス品川ビル4F

Tel　03-5715-3316　　Fax　03-5715-3318

URL　http://www.aiwa-tax.or.jp/

メールアドレス　info@aiwa-tax.or.jp

《大阪事務所》

〒541-0053

大阪市中央区本町4-5-18　本町YSビル7F

Tel　06-6262-2036　Fax　06-6262-2037

【執筆者】

佐々木　みちよ

税理士　あいわ税理士法人　ナレッジ室　室長

2002年藍和共同事務所（現あいわ税理士法人）入社。上場企業を中心とした大手企業や中堅企業への税務コンサルティング業務に従事。特に、連結納税の導入・運用コンサルティング業務や、連結納税申告書作成サポート業務には、日本に連結納税制度が導入された当初から従事している。

《著書・寄稿》

「調査官の「質問」の意図を読む　連結納税の税務調査対策」（共著　中央経済社）「成功する合併　適格判定・繰越欠損金と税務調査対策のポイント」（共著　税務研究会出版局）「グループ子法人が留意すべき法人課税実務」（週刊税務通信連載2017年９月～2019年５月）他

永沼　実

税理士　あいわ税理士法人　マネジャー

2019年あいわ税理士法人入社。主に上場企業・上場準備企業への税務コンサルティング業務のほか、連結納税の導入や組織再編に関するアドバイス業務に従事。

《著書》

「速報版!!　令和２年度税制改正マップ」（共著　税務研究会出版局）

本書の内容に関するご質問は、なるべくファクシミリ等、文書で編集部宛にお願いいたします。(fax　03-6777-3483)

なお、個別のご相談は受け付けておりません。

本書刊行後に追加・修正事項がある場合は、随時、当社のホームページにてお知らせいたします。

グループ通算制度
「勧める・勧めない」の税理士の判断

令和2年5月25日　初版第1刷印刷　(著者承認検印省略)
令和2年5月30日　初版第1刷発行

発行所　税務研究会出版局
週刊「税務通信」「経営財務」発行所
代表者　山根　毅
郵便番号100-0005
東京都千代田区丸の内1-8-2（鉄鋼ビルディング）
振替00160-3-76223
電話〔書籍編集〕03(6777)3463
〔書店専用〕03(6777)3466
〔書籍注文〕〈お客さまサービスセンター〉03(6777)3450

●各事業所　電話番号一覧●

北海道	011(221)8348	関信	048(647)5544	中国	082(243)3720
東北	022(222)3858	中部	052(261)0381	九州	092(721)0644
神奈川	045(263)2822	関西	06(6943)2251		

当社 HP ⇒ https://www.zeiken.co.jp

乱丁・落丁の場合は、お取替えします。　印刷・製本　奥村印刷㈱

ISBN978-4-7931-2561-4